宴会の神様 橋本保雄のＤＮＡを引き継ぐ男

生涯現役ホテルマン
松田仁宏のホテル道

松田仁宏

オータパブリケイションズ

まえがき

私が大学を卒業する１９５９（昭和34）年ごろは、日本経済が高度経済成長の前で就職難の時代でした。公務員試験に合格した人を除いて同期の仲間には狭き門でした。

当時、縁故採用が優先です。安保闘争の時代で赤い学生がはびこり、採用基準が思想を重視していました。このように学生の就職問題が深刻なときで「大学は出たけれど」が流行語になりました。

私がホテルマンになった動機はこの就職難です。大学を卒業の年に、縁故でやむなく名古屋港の役所に嘱託でやっと職にありつきましたが、１９５９（昭和34）年の9月26日（土）、名古屋に甚大《じんだい》な被害をもたらした『伊勢湾台風』に遭遇し、転職を思い切って決断したのです。決め手は『１９６４（昭和39）年東京オリンピック開催！　ホテルマンを目指す若人に告ぐ！』と書かれた新聞の特集記事でした。『ホテルは非常に将来性のある業種！　５年後に東京オリンピックが開催！　東京ＹＭＣＡ国際ホテル学校が注目される！』と紹介されていたのです。私は、「コレだ！」と直感し入学の手続きをとり、首尾よく入学することができました。私の人生〝禍《わざわい》を転じて福となす〟で、進むべき道を決断し前途に光を見い出しました。就職難が一転、〝ホテルオークラに決定〟この上もない喜びを覚えました。これこそ神の思召《おぼし》し！　そして亡き両親の祈りによるもので深く感謝あるのみでした！

それ以来、40年の長きにわたり『宴会の神様』の異名を持つ元ホテルオークラ、故橋本保雄先輩を筆頭に多くの方々に支えていただき、転職以来、ホテルマン道を曲がりなりにも完走することができました。ホテルの皆さまはもとよりサービス業界の団体の皆さまにも格別なご指導とご厚情をいただき感謝申し上げます。ホテルマン40年を顧みた私の半生記のつづりを通して、次世代を担う皆さまにお役に立つことができればこの上もない喜びです。

私の敬愛する株式会社ナゴヤキャッスルの総務部長で、元全国ＢＭＣ事務局長を務められた加藤吉克氏が私に温かいメッセージを寄せていただきましたのでここにご披露いたします。

『１９６４年「東京オリンピック開催」「東海道新幹線開業」時代は折しも、松田先輩はホテルマン人生をスタートされた。業界を取り巻くさまざまな荒波に揉まれながらも、笑い、楽しみ、泣き、そして苦悩しホテルマン道を愚直に歩んでゆく。松田先輩ほど常に「世の中」「ひとのため」「お客さま」の役に立つにはどうしたらいいかを考え、尽力し感謝し続ける人を私はほかに知らない。現在、業界に携わるわれわれはもちろん、「２０２０年東京五輪」「２０２７年リニア中央新幹線開業」を見据えた若きホテルマンにとって必読の書である』

素晴らしいメッセージに感謝！

わがホテル人生の軌跡

橋本保雄大先輩や BIA 塩月弥栄子会長、すてきな方々に恵まれた 40 年間のホテル人生。ホテルマン魂は永遠に不滅です！

北陸 BMC 新年互例会のワンシーン。故橋本保雄氏より「松田！白海老の天ぷら！うめーぞ！食べてみろ！」と。先輩の温かいコメント！初体験でおいしかった。

BIA 総会の後、役員全員で BIA 副会長の鎌田宮司さん祭主によるご祈禱を受けるめずらしい秘蔵写真。亡き塩月会長と大西副会長、橋本副会長もご一緒です。

名古屋都ホテルは昭和 38 年開業。文化勲章受章の村野藤吾氏の設計。当時としてはアルミニウムの窓枠が評判。読売ジャイアンツの選手宿舎としても有名です。

ホテルオークラは昭和 37 年開業。日本で代表的なホテルで野田岩次郎氏が初代社長。2019 年、1000 室規模の超高層ビル型ホテルを開業予定（写真は建て直し前の本館）です。

BIA 中部支部設立パーティーを名古屋都ホテルで開催。ゲストにツインカップルで話題となった「きんさん・ぎんさん」を招き大盛会。塩月弥栄子初代 BIA 会長も大喜び。

BIA ブライダル大賞授賞式のとき、塩月会長と私が控室で待ち時間に撮っていただいた秘蔵写真です。男性役員はタキシード着用のお達しで名古屋から着用して上京しました。

高橋尚子さんのホスピタリティーには深く感動しました。鈴木尚太郎さんがフロントで高橋さんを見つけ赤井武彦さんがシャッターを切った秘蔵の証拠写真です。お２人に感謝!!

愛知大学の先輩・甲斐一政元愛知県副知事にあいさつと乾杯の音頭。写真はBIA勝俣伸会長のあいさつの写真とステージで皆さんによる鏡割りのシーンです。感謝!!

目次

第三章　業界団体BIA、HRS、BMCから学んだ心意気

第一章
戦後の動乱から得たホテルマンの道

1. 日中戦争と母の苦闘

父は日中戦争が勃発直後の1937(昭和12)年10月13日上海で戦死。日本では日中戦争と言わず「支那《しな》事変」と呼んでいました。支那事変における日本陸軍の被害は甚大で戦死者は累計で19万1250柱でした。

中国の国土の広さと中国にアメリカやイギリス、ソビエトの連合国のバックアップがあったため、日本軍は敗れました。当時3歳の姉と2歳の私は父の顔をまったく覚えていませんが、居間に掲げられた軍服姿の父の遺影に常に日々祈りを捧げています。

日中戦争から太平洋戦争を経て終戦…、母の苦闘が始まります。

父が31歳のとき、広島県呉の軍港から上海に二度目の出征。1937(昭和12)年7月に勃発した支那事変勃発により、9月20日勇躍出征《ゆうやくしゅっせい》し各地を転戦しました。名古屋郊外の八事墓地にある松田家の墓碑に『10月13日上海で敵攻撃に際し決死の突撃隊に加わり、猛攻中敵の一弾が左胸部に貫き茲に名誉の戦死を遂ぐ　行年

31歳』、故陸軍歩兵伍長　勲八等功七級・松田清春之と刻み込まれています。

母は父より一歳年下の30歳。「父の葬儀は中国進出に向けて日本軍が勢いにのっていたときで、住まいの名古屋市東区の区民葬は沿道に大勢の人が参列し盛大に執り行なわれた」と母は私に涙ながら述懐しました。

父は本家が鰻屋で、そこで修行を積み、その後に独立して鰻屋と割烹料理の店を営んでいました。私の母は、その父と結婚し夫婦で店を切り盛りしていました。その最中に召集令を受け、上海に出征。間もなく思いもよらない戦死の知らせ！茫然自失の体で母の悲しみは想像を絶するものだったと思います。

母は鰻屋を閉めて実家の隣に引っ越して子どもを育てるために必死でした。私は小さいころから母親がたいへん苦労をしている姿を見て育ちました。今日があるのは、亡き父と母のおかげで偉大な両親に感謝の日々です。

東京に出張の折には九段の靖国神社に祀《まつ》られている父の御霊に祈りを捧げるのを常としています。私の地元には愛知県護国神社がありお正月には必ずお参りしています。父は名古屋城にある歩兵第６連隊に所属し、支那事変では、多くの隊員が父と同様に上海で戦死をしています。靖国神社には日中戦争で19万１２５０

柱、太平洋戦争では２１３万３９１５柱の人々が国家のために尊い命を捧げています。

2. 書道塾の開塾とアイデアママ

母親は縁があって名古屋市東区にお住まいの書道の先生にお願いして、我が家で「書道塾」を開塾しました。書道塾を開塾したいという母の熱意に押され、名古屋の北から名古屋の南区まで自転車で1時間はかかる道のりを通い続けて生徒の指導にあたられました。本当に律儀な先生で感服の極みでした。書道塾といっても母が先生ではなく、書道の先生に依頼をするというまさにアイデアママです。姉や私が学校で書道の特選をもらってくると、母は自分のことのようにこの上もなく喜んでくれました。おかげさまで書道塾は大繁盛で皆さんにたいへん喜んでいただき、〝松田さんちの書道塾〟と界隈では名が通っていました。

昭和13年から終戦まで7年間とそれ以降の戦後も苦闘の時代が依然として続きます。われわれの時代は大学どころか高校に進学する者も少なく中学卒業で社会に出るのが普通です。中学校の集合写真を見ると、ズック（靴）を履く者より草鞋《わらじ》を履いていた生徒が圧倒的に多かった時代です。

母は、明治の生まれで尋常《じんじょう》小学校しか出ていないせいか、父親が戦死してからは、なおさら人より教育をつけなければならない、何としても大学まで進学させたかったのでしょう。〝読み書き、そろばん〟の必要性を常に説いていました。今でいう〝教育ママ〟の先鞭をつけた母には敬服に値する〝心意気〟がありました。

母は先の書道塾を始めたのも生計を立てる必要性と同時に教育の重大性に着目していたからです。母は苦しい中にも皆さんのお世話をすることにも非常に熱心で皆さんに少しでも喜んでいただけることが至上の喜びでした。

神に厚い信仰を寄せ常に家族の平穏無事を祈り、皆さまにお役に立つことを念頭においていました。「常に感謝の心を忘れず思いやりの心を持って接しなさい」と私はいつも言い聞かされました。今もってすごいことだと子ども心にも思い、今日もてはやされている「おもてなし」の心にたけていた母親でした。

母は私と姉が小学校低学年のときから担任の先生に積極的に近づきました。低学年の生徒には、おおむね大学を卒業したばかりの若い先生が着任し担任になりました。先生が家庭訪問をされると本当に心底から温かくもてなしました。心からの歓待で、まさしくホスピタリティーそのものです。母は先生が大好きで、後年になり私を学校の先生にすることに強い願望を抱いていました。

教育環境を整えることに前向きな母の下、姉と私は自然と勉強の必要性を認識し学習に励むようになったのです。

3．焼夷弾を素手でつかみ放り投げた母

アメリカのＢ29大型爆撃機により、いよいよ本土襲来が激しさを増し実家の２階に焼夷弾《しょういだん》が直撃。母は勇猛果敢《ゆうもうかかん》に立ち向かい、焼夷弾を素手でつかみ取り屋外に放り投げました。家屋の火災をまぬがれた驚くべき事件です！　生前、母の妹から聞かされました。まさしく〝肝っ玉・母さん〟の戦争秘話です。

戦況は日中戦争の行き詰まり打開のため、１９４１（昭和16）年12月８日、日本は米・英に宣戦。一時は南方諸域を制圧しましたが、ミッドウェー海戦を転機に１９４２年後半から守勢一方となります。１９４５（昭和20）年８月、アメリカの広島・長崎への原爆投下やソ連の参戦などによりポツダム宣言を受諾して、８月15日無条件降伏。当時は悲惨な大東亜戦争と呼ばれていました。戦争は断固反対です！

4. 学童の集団疎開と国民体育大会

太平洋戦争の末期、いよいよ戦況の悪化にともない、米軍のB29爆撃機による本土空襲が始まりました。父親が支那事変で戦死し、戦争遺児として昭和19年8月から半強制的に集団疎開です。私が国民学校4年生（10歳）のときです。親元を離れて、疎開先は愛知県三河の鳳来寺山中の「山の家」でした。

一番辛かったことは、空腹と夜、ノミやシラミに悩まされたことです。保母さんが服を大きな釜で煮たり、女の子の髪を短くしてもなかなか退治できません。入浴の回数が少なく、石けんも不足していましたので体がかゆくて困りました。しばらくすると親元を離れた寂しさがつのってきました。

辛いことの多い疎開生活で親が面会に来てくれたり、家族からの手紙が届いたりすることは束の間とはいえ大きな楽しみでした。この〝手紙の喜び〟が後年、私の手紙好きになった原点でもあります。

母はあるとき物々交換で農作物をもらうため自分の着物を手に農村へ。そこで得た食料を持って疎開先の私たちに差し入れてくれたことは、涙が出るほどうれしい思い出でした。野菜の不足、コメの不足は深刻でした。スイトンや開墾で取れた芋やナスばかりの代用食です。病弱の体質に極度の食料難です。とうとう栄養失調になって髪の毛が抜けだし途中で実家に帰されました。

ところが実家では、毎日のように敵のB29爆撃機が名古屋に襲来。特に軍需工場を集中的な猛爆が続きました。その後、名古屋大空襲で一般家庭の多い名古屋の市街地を標的に焼夷弾が雨あられのごとく降り注ぎ恐怖におののきました。

空襲警報のたびに防空頭巾《ずきん》をかぶって防空壕に家族で身を寄せ合い、本当に死を覚悟しました。防空頭巾は火の粉や爆弾の破片や爆風で飛びちるガラスなどを防ぐためのもので、いわば鉄カブトのような役目をしていました。母の作ったものは綿入れで冬には防寒帽として役に立ちました。女性は戦時中の服装は、「もんぺ」（農村の仕事着）で、「防空頭巾」と「もんぺ」が生活の知恵から生まれた戦時服装のスタイルでした。

近隣の家庭でも死傷者が出ました。名古屋大空襲では、延べ死者7858人という記録が残っています。終戦の年の3月10日には東京大空襲では、死者10万人に近い人が亡くなっています。「尾張名古屋は城でもつ」天下の名古屋城は、1945年5月14日の名古屋大空襲で焼失しています。集団疎開、名古屋大空襲は、一言で表すと「空腹と恐怖と死」でした。

このように辛い悲惨な生活は、終生忘れることのできない貴重な体験であると同時に、心身ともに忍耐強くなり鍛えられました。

私のナス嫌いは有名で「松田さん！　ナスはどんな料理にしてもおいしいのになぜ食べないの？」と今でも言われます。戦時の集団疎開の思い出が嫌で「ナスはナッシング！」と一笑に付しています。

終戦から5年目、1950（昭和25）年、中学3年のとき、第5回国民体育大会（国体）が愛知県で開催されました。10月28日名古屋市瑞穂公園競技場で、秋季大会の開会式には昭和天皇・皇后両陛下が御臨席され執り行なわれました。

当時の日本は、戦後復興の国家の再建途上であり、「スポーツの祭典」は国威発揚を示すためにも意義深いものです。私の父は先述の通り中国の上海で戦死しています。母親の苦労は並大抵ではなかったことでしょう。戦争は悲惨です。繰り返しますが二度と戦争のない日本であって欲しいと思います。

開会式では、冒頭、名古屋市立中学校の私たち生徒によるマスゲームが盛大に行なわれ感無量！　感動しました！　私は、前日まで扁桃腺《へんとうせん》で熱が高く母が心配しておりましたが、幸い夜には熱が下がり、翌日は両陛下御臨席の中、開会式直後に行なわれたマスゲームに出場することができました。極度に緊張しながらもホッとしたことを今でも覚えています。

「何か大事なことがあると熱を出したのよ」と母親から聞かされていた私は、子どものころが本当に病弱体質だったのです。

5．伊勢湾台風と阪神・淡路大震災

大学を卒業するころは、日本経済が高度成長期のまだ前で、たいへんな就職難の時代でした。世間では就職大氷河時代と言われていました。知人の紹介で名古屋港管理組合に1年契約の嘱託でようやく勤めることができました。この年、1959（昭和34）年9月26日（土）は歴史に残る『伊勢湾台風』が名古屋を直撃した年でもあり、まさに〝空前絶後の大惨事〟となりました。

その日の18時ごろ、台風が和歌山県潮岬に上陸。高潮は名古屋港で観測記録となる389cmを記録し、名古屋で最大瞬間風速45・7m、死者・行方不明者は5101名におよびました。当日は土曜日で仕事は半ドン。台風に備えて土砂降りの中、びしょ濡れになりながら帰宅。家では畳を2階に持ち上げ、風雨の強い中、窓を板で打ち付ける作業は難航しました。名古屋市に最接近したのは21時25分ごろです。

記録によると、特に名古屋市沿岸部一帯が水没し1581人が犠牲と報道。特に、名古屋港の貯木場の巨大な丸太が流失し多くの家屋の倒壊や死傷者を出しました。夜半、この強烈な台風が襲来し、阪神・淡路大震災に匹敵する大災害となりました。一生忘れることができません。伊勢湾台風から今年で57年を迎えました。「災害は忘れたころにやってくる」と言われます。市当局は過去の教訓を受け継いでしっかりした防災対策を講じてほしいと思います。

阪神・淡路大震災は1995（平成7）年1月17日午前5時46分に発生しました。阪神地区諸都市、および淡路島北部に生じた直下型地震で、死者6436人、負傷者約4万人以上。家屋の全半壊および焼失約25万戸以上のほか、JR新幹線の高架線はじめ各種鉄道・高速自動車道等の寸断という大被害をもたらしました。

阪神・淡路大震災のとき、私は全国BMC会長に就任して2年目です。取るものもとりあえず交通網が完全に遮断されている中を必死で大阪BMCの各ホテルに駆けつけ、陣中見舞いをしました。

当時の全国BMCは、隆盛で会員は412名に達していました。

「1995（平成7）年1月23日全国BMC会長会におきまして全国BMCより60万円と各地区BMCから40万円、合計100万円の義援金を贈ることが決議されました。この義援金を2月18日に全国ＢＭＣ松田会長よりより大阪ＢＭＣ小城会長に寄託いたしました。全国ＢＭＣ会員の皆さまの温かいご支援を心から御礼申し上げます」（「ＢＭＣＮＥＷＳ」より抜粋）。

「阪神・淡路大震災」により「ホテルオークラ神戸」が甚大な被害に遭遇しました。故・大石邦雄社長は芦屋のマンションで３日間足止めになり、ホテルにすぐ駆けつけることができませんでした。金子順一販売促進部長は、足止めされたお客さまに心のこもった対応をし、宿泊者全員がことなきを得たことがＮＨＫテレビと週刊新潮に大きく取り上げられ話題になったのです。

後に「高山グリーンホテル」で開催された「名古屋ＢＭＣ例会」にて、金子部長を招き、阪神・淡路大震災の体験をもとに「ホテルの危機管理の対応について」特別講演をいただきました。ＢＭＣはまさしく「勉強をする集団」です。

「災害は忘れたころにやってくる」（寺田寅彦）、「備えあれば患《うれい》なし」という格言がありますが、金子講師のお話は貴重な体験談で有意義でした。

『もし巨大な「南海トラフ地震」が起きれば日本はどうなってしまうのか?発生時期！備えも』とマスメディアは警告を発しています。

再び伊勢湾台風の話ですが、勤めていた事務所はもちろん流失、あのまま港にいたら、どうなっていたか恐ろしい限りです。後日、リュックに食料を入れて知人のところを尋ねてまわりました。流され行方の分からなくなった人の死体が学校に横たわり凄惨《せいさん》な光景に目を覆います。伊勢湾台風の恐怖は計り知れないものでした。

6. 東京ＹＭＣＡ国際ホテル学校への挑戦

仕事は1年の腰掛けだし、大災害の後で世間は落ち着かない。次に何をするか早く決めなければならない。たまたま新聞を読んでいたら、5年後に東京オリンピックが開催されると報じていました。

この特集記事では、ホテルは非常に将来性のある業種で、東京ＹＭＣＡ国際ホテル学校の紹介記事が掲載されました。「コレだ！」とひらめき、母と姉の反対を押し切って上京し入学することを決断。私を学校の先生にしたかった母はきっと無念であったと思います。このことだけは親孝行ができず残念でした。

大学まで出してもらって、その上、また学校に行こうということは本当に親不孝！〝しかも生き馬の目を抜く東京〟と、巷間《こうかん》伝えるところによれば反対されるのはムリのないことです。私自身、ホテルがどんなところかまったく知識もありません。もちろん家族の誰もホテルのことは知りません。当時の名古屋には古い建物で営業していた名古屋観光ホテルと丸栄ホテルのみでしたから、なおさらです。母と姉には「アルバイトをして何とかやるから」と説得してやむなく承知をしてくれました。

名古屋は保守的で地元志向の強い土地柄、ここで育った人間がほかの地域に出るということが少ない時代です。しかし、自分の強い意志で決めたことで後悔はまったくなかったです。東京は全国から大勢の人が集まって、積極的で歯切れがいい。自分は引っ込み思案で口下手だから勉強して揉まれてしっかり頑張ろうという強い意志がみなぎっていました。

晴れて1960（昭和35）年4月に東京YMCA国際ホテル学校へ入学することができこの上もなくうれしく思いました。ホテル学校入学を契機に私の体質というか気質まで劇的に変わりました。病弱で母親に心配ばかりかけていた私は、様変わりの変化です。病気をしなくなり明るくなりました。積極的にコミュニケーションを取るようになり、前向きな姿勢になりました。強い意志を持つことにより人間は精神的にも強くなるものなのです。

7. ホテル学校のカリキュラム

東京ＹＭＣＡ国際ホテル学校では、たくさんのカリキュラムがありました。中でも、故ダン道子先生（オペラ歌手・ＮＨＫアナウンサーなどを指導）の『ことばの使い方』の授業と故加藤祥先生の『ホテルサービス』〝サービスのハンドブック〟の授業がいちばん心に残っています。

ダン道子先生は私を教壇に呼び出し「皆さんの前で自己紹介をしなさい！」と突然の指名に驚きました。オンステージは初体験です。教室でクラスメイトの前で自己紹介をするのは初めての経験です。元来から人見知り、シャイな性格で非常に恥ずかしく思いました。

「名古屋からきた松田です。よろしく・・・」というのが精一杯です。今でいうプレゼンテーションは最低のできでした。それからダン道子先生の特訓が始まりました。「松田さん！　名前を呼ばれたら、まず、初めに、ハイ！　と大きな声で言いなさい！」。「背筋を伸ばして」続いて「ハイ！　私は、（ひと呼吸おいて…）

松田と申します」と名乗りなさい。「名前は、ゆっくり、はっきり」と。「お客さまに向かって、アイコンタクト、明るい笑顔で接するように」と厳しい指導を受けました。

ダン道子先生は授業が始まるとき、必ず、〝ごきげんよう〟とあいさつをされます。この言葉は、最初は恥ずかしくてたまらなかったです。本当に最初は恥ずかしくて、なかなか使えませんでした。「ホテルオークラ」に就職して、やっと自然に使えるようになりました。〝上品な言葉遣いですね〟とお客さまから誉められたときはうれしく思いました。

そのほか「恐れ入ります・・」「少々お待ちください」「お名前は何とお呼びするのですか?」「〝明日《あす》〟より〝明日《みょうにち》〟の方が、上品でひびきがいいのよ!」など・・教えていただきました。なかなか使ったことがないフレーズで難しく、何度となく反復練習を積みました。

そのときに書き留めたダン道子先生の「ことばの使い方」は私の「思い出ノート」に今でも保管してあります。

先生は「お客さまはもとよりホテルで一緒に働く皆さんにも丁寧《ていねい》な言葉を使い

ましょう。習慣づけると〝きれいな言葉遣い〟が自然と身につきます」と言われました。まさしく至言《しげん》で、その教えを守り今日に至っています。

「ダン道子先生の〝ことばの使い方〟」特訓をしみじみ思い浮かべ…あらためてダン先生に感謝の合掌です。ごきげんよう、さようなら！

加藤祥先生の『ホテルサービス』と『必携ウエイターハンドブック』の2冊は、本当に本が擦り切れるほどまんべんなく読み返しました。ホテル・レストランのサービスの原点である「基本中の基本」が満載でした。ほかの授業もそれぞれ新鮮で当時、本当に一生懸命勉強に没頭したことは紛れもない事実です。

当時の東京ＹＭＣＡ国際ホテル学校は、私のクラスは1年履修で卒業のシステムを取っていました（現在は1年履修と2年履修）。

就職は東京オリンピック開催に向けて新たにオープンする「ホテルオークラ」「ホテルニューオータニ」「パレスホテル」と歴史と伝統の「帝国ホテル」すべてからオファーをいただきました。

8. 就職難が一転、ホテルオークラに決定

1年前は就活に苦労をしていましたので、このオファーは私にとって〝朗報〟であり、この上ないものでした。そしてオファーをいただいた四つのホテルの調査・研究に着手しました。

結果、「帝国ホテル」の創始者、大倉財閥の大倉喜八郎氏の長男・大倉喜七郎氏が社長を務める「ホテルオークラ」に決めました。大倉喜七郎氏は「帝国ホテル」を経て、「ホテルオークラ」の社長に就任されました。その歴史と伝統に培われた経緯と「ホテルオークラ」の将来性に着目したのです。

開業1年前の入社ということは創業時からの社員です。魅力的でした。開業は昭和37年5月20日で、私にとりましても歴史的瞬間で胸を打たれました。

日本の三大ホテルは「帝国ホテル」「ホテルオークラ」「ホテルニューオータニ」と言われています。長い歴史を持ち、現在でも日本の代表的なホテルです。三ホテ

ルは世間では『御三家』と称されています。

私が入社したホテルオークラは、次の『企業理念』を掲げています。

9. ホテルオークラの『経営理念』

親切＝おもてなしの基本
和＝日本の伝統美、人と人の和

◆ホテルオークラの『サービスの根本精神』

野田社長は次のように要点を指摘されました。

「サービスの根底は『親切』の一言につきる。親切を日常の業務の中でまっとうしていくのは、なまやさしいことではない。と同時に大それたことでもない。小さな親切の積み重ねであり、それは客のみならず、上司、同僚、部下などすべての人に親切でなければならない。

それは、仕事にも言えることで、仕事に親切とは、親切な仕事をするということで、いい加減な仕事をしてはならないということである。われわれの仕事は、人をもてなすことであり、仕事に親切は、そのまま人に反映するのである。そして、親切はその人のハートから出てこないと客に通じるものではない」

◆ホテルオークラの『営業の三大目標』

野田社長はつねづね『紙一重の差』を口にされました。それは、どのホテルもノウハウは皆同じであるから、施設、料理、サービス（ＡＣＳ）において、紙一重でも良いものを持たなければホテルとの差は出てこない。この紙一重の差こそが実はホテルオークラなのだという。

◇『営業の三大目標』として　Ｂｅｓｔ　ＡＣＳ
ＡＣＣＯＭＭＯＤＡＴＩＯＮ（施設）
ＣＵＩＳＩＮＥ（料理）
ＳＥＲＶＩＣＥ（サービス）
⇧
「最高」のクオリティーを追求

◇ホテルのサービスを支える「和合の力」

社内のコミュニケーションと

オークラ特有の社員教育

⇩

いつ、どんなゲストが訪れても、等しく、質の高い

サービスを提供し続ける

〝就職難が一転して引く手あまた〟で、この上なくうれしく思いました。「〝人生は苦あれば楽あり〟、苦しいことの後には楽しいことが待っている。喜びを得たいのなら、苦しみに耐えなければならない」と貴重な体験でありました。何事にも落ち込まず前向きに進むことがいかに大事かということが理解できました。

10. ホテル学校の課外授業

◇新緑の静岡・御殿場研修（日本YMCA経営）

入学して間もなく、われわれ150名が「東山荘」で3日間の団体生活をしました。カリキュラムも充実したものでした。青葉、若葉がかがやく富士山のふもと・御殿場キャンプでの快適な団体生活がスタートしました。

始めに御殿場のゴルフコース見学です。新学期に備え親睦を目的とした生活で、今後のわれわれの進むべき道への心構えの指導をアドバイスいただき、キャンプファイヤーでのプレゼンテーション、各班に分かれての各種オリンピック競技、夜は主任先生との懇談会と自己紹介などなど。

この研修で一番感じたことは、コミュニケーション力を磨くこと、積極的に表現力を身につけ、間違っていても、まず言ってみること！　笑顔で接客力を発揮することでした。

翌日は、早朝から小高い丘から朝のあいさつで一日のスケージュールがスタート！　神秘的な富士を目前に神を敬い、歌を合唱し、学校長の講話が続きます。すがすがしい朝の御殿場、右に東山湖、眼前に富士山、四方八方の目に染みる新緑、美しい空気に感嘆しきり。われわれホテ校生は、ホテルマンの道に進む希望が湧いてくる終生忘れることのできない素晴らしい御殿場キャンプでした。

◇盛夏！　真夏の滋賀・琵琶湖ホテル研修

盛夏の琵琶湖湖畔・琵琶湖ホテルの実習は、夏休みの2カ月間。私は客室係に配属され実に充実したものでした。朝出勤すると、すぐ客室の清掃業務。最初、シーツをはがし、続いて部屋とバスルームの清掃。特に浴室の清掃はかなりきつい作業です。清掃作業が終わったら、ベッドメイク。このベッドメイクは、2人の連携プレー。まさしく「二人三脚」でした。「大辞林」によると、「二人が歩調を合わせ共同で物事を行なうことにいう語」とあります。

いかに2人が呼吸を合わせてシーツを張るかがポイントです。最初は慣れないので先輩に迷惑ばかりかけて苦労しました。「琵琶湖ホテル」の客室主任さんは、お部屋の整備全般のエキスパートで、いろいろ貴重な秘伝を教えていただきました。

その後は客室廊下のポリッシャーによる清掃作業。慣れるまでかなりの時間がかかりました。客室のドアノブの真鍮《しんちゅう》磨きと息つく間がありません。真夏の作業はクーラーもなく汗びっしょり。ただひたすら〝お掃除〟〝お掃除〟でした。ある人から『お掃除は心を磨く』もの！　また、『お掃除は心のお掃除』と言われました。

昼はレストランでのランチサービスのヘルプです。短時間でクイックサービスを要求されるのでこれも汗だくでびっしょり！　午後は、客室の備品や飲料の補給、ベッドメイクなどのサービス全般を行ないます。夜勤はお客さまのルームサービスなどで緊張感のある接客が待っています。夜勤は夜8時から翌日の午後2時まで。深夜少しの仮眠を許されるものの激務です。

夕方からルームサービスです。お客さまのお部屋からドリンクやお料理の注文が入ります。ドリンクはカクテルのオーダーもあります。お料理の内容により、そのお料理に合った銀器類の用意が必要です。お料理によってナイフ・フォークの種類を間違わないよう慎重なチェックが必要のため、分からないときはホテルの先輩に遠慮せずに教えてもらいました。

夜のルームサービスは、お客さまと接触する待ち遠しい時間帯。京都のお客さまが圧倒的に多かったです。近距離に京都の撮影所があるため俳優さんの利用が多く、俳優さんに接客できる絶好なチャンスでもあり、楽しみな時間でもありました。

朝から夜まで本当に作業がびっしりと続き、真夏の暑さで疲労度もかなりなものでした。ホテルマンは体力、精神力、忍耐力だとつくづく思いました。2カ月の実習は覚えることが多く必死でした。

そんなとき、思いがけない幸運があるとき届きました。それは、研修中のわれわれ2人に今井客室支配人さんから夕食にお招きされるというビッグニュースがあったことです。ご自宅では、有名な「近江牛」のスキヤキが用意され、心ゆくまで堪能いたしました。思わぬ温かいおもてなしに感謝いっぱい！　真夏の最高の出来事は忘れられない思い出です。

◇厳冬の新潟県『赤倉観光ホテル』研修

白銀の峰と赤い屋根が実にロマンチックな妙高高原の赤倉観光ホテル。冬休みを利用して2週間の実習でした。

レストランに配属されましたが志願して朝食サービスと夜のメインバーの勤務もさせてもらいました。レストランは早朝からの出勤で夜のバーが終了すると深夜です。早朝から深夜までの2週間はこれまた密度の高い必死の実習体験です。朝から晩まで休む間もなく働き続けました。スキーに来ているわけではありませんでしたので、ホテルのさまざまな業務を学べる絶好のチャンスとして長時間の労働もいとわず志願し、非常に勉強になりました。

メインバーは深夜2時までの営業です。ホテルの宿泊者は、圧倒的に東京や関東地区のお客さままで毎日賑《にぎ》やかでした。メインバーは、眼下にライトアップされたスキー場が見渡せる素晴らしい景観！　スキー客がその疲れを取る場としては絶好の酒場です。外国人客、日本人客などナイトキャップを味わいながら楽しい交歓の場に目を見張りました。

私は最初はバスボーイでしたが、途中からカウンターの中に入って先輩からの指示でいろいろ勉強をさせてもらいました。カクテルの種類も種々覚えることができました。中でも一番人気のカクテルは『ホット・バタード・ラム』という冬のカクテルの王様です。肌寒い冬に適した飲み物で、ヨーロッパでは風邪気味のときに飲むカクテルです。特に、イギリスでは古くから飲まれているカクテルで日本の卵酒のようなカクテルです。

ラムをベースとし、バターを入れるホット・ドリンクとして知られて、それにグローブやシナモン、ナッツメグで風味づけます。角砂糖、ラム、熱湯、バターの順に暖めたグラスに入れ、マドラーでステア（かきまぜる）して完成です。

料飲の勉強で、毎日「私の思い出ノート」にお客さまにお出ししたメニューやワインリストを書き込むのを毎日のルーティンとしました。先ほどのスキヤキの素敵《すてき》なうれしいお話も、長年書き留めた私の「思い出ノート」の威力です。名刺や写真もここ一番の大切なものを手元できちっと管理していることが影響していると思います。名前をよく覚えている要因は「思い出ノート」のおかげです。

若いホテルマンの皆さんには、料飲部で酒場に配属されていない場合でも、酒場の基本的な勉強は必須事項であり研鑽することが大事です。機会があればほかのホテルのメインバーを利用してお酒を飲んでみることです。お酒の勉強をすることも大事なことです。分からないことはその酒場のバーテンさんによく聞くことが肝要です。

第二章

感謝！　感謝！　楽しきホテルマン人生

1. 私のホテルスタートは宴会が始まり

「ホテルオークラ」には1961（昭和36）4月1日に入社しました。まだ「ホテルオークラ」が建設中で当時花形ホテルだった「ホテルニュージャパン」に10カ月オークラ研修生として派遣され宴会に配属されました。このときからです。私の宴会一筋のホテルマン人生がスタートしたのです。

ある日、橋本保雄先輩が「ホテルオークラ」の宴会課長として「ホテルニュージャパン」に視察に来訪されました。「松田君！　オークラでの希望職種はどこか？」と質問がありました。「即座に、宴会でお願いします」とはっきりお答えをしたことを覚えています。橋本先輩との出会いが私の宴会スタートの第一歩となったのです。

宴会に配属され、そこで全国BMC第4代会長の足利一義先輩に出会っていろいろご指導をいただきました。特に靴の磨き方やズボンのラインがきちんとしているかなどホテルマンの身だしなみの基本をしっかり教えていただきました。朝倉氏は宴会婚礼予約の責任者として宴会・婚礼件数も都内でもナンバーワンホテルに導びかれた方です。奥様も東京ＹＭＣＡ国際ホテル学校の同期生です。

【追記】

◆ホテル学校同期でホテルオークラ入社の皆さんの一部をご紹介します。

朝倉征二郎氏（元ホテルオークラエンタープライズ取締役社長）、金子順一氏（元ホテルオークラ福岡取締役社長）、城本剛一氏（元仙台国際ホテル取締役総支配人）、砂田三樹夫氏（元ホテルオークラ福岡取締役社長）、武本浩行氏（元大分西鉄グランドホテル取締役総支配人）、根岸則雄氏（元ホテルオークラ４代目取締役総料理長）。

なお、ホテル学校１年先輩で箱根ホテル小涌園より同年ホテルオークラ入社の足利一義氏（フソウホテルシステム取締役社長）、ホテル学校とホテルオークラの後輩で橋本保雄門下生の片桐正彦様ご夫妻とは懇意にしています。東海ヒューマンリソースマネジメントの取締役社長として中部地区最大のサービスクリエーターコンファレンスを築かれました。

2. 文豪・故三島由紀夫と劇的な出会い

「ホテルニュージャパン」で研修していたときの忘れられない思い出です。クリスマス・ファミリーパーティーの席で、新進気鋭の若手作家として売り出し中の三島由紀夫さんからチップをいただいたことです。奥様と2人の幼いお子さまが一緒でした。お子さま用のベビーチェアが一脚しかなく、たまたまその場にいた私に三島さんが「ご盛会で何よりですね。ところで、もう一脚ベビーチェアがどこかにないですか」と言われました。

大宴会場の椅子《イス》はすでに使いきってない。ふと思いついて1階のメインダイニングへ行くと一脚だけ見つかりました。急いでパーティー会場にそのベビーチェアを運んでお席に差し出してたいへん喜んでいただきました。

ホテルの先輩から「お客さまにはNOと言わないで、できるだけ努力するように」と言われていたのでベビーチェアがあったときは本当にうれしく思いました。お客さまがお困りになっているときは、何とか努力してみるものだということが本当によく分かりました。この貴重な体験を端緒に、NOと言わずに汗をかくことの大切さを実行した結果、長いホテルマン人生でお客さまに喜んでいただいたことは何度も経験しました。

椅子を差し出してしばらくすると三島由紀夫さんが「先ほどはありがとう」といって私の手を握って紙幣を渡されたのです。私はとても胸がドキドキしました。お互いにステージに目をやりながら手だけの動き、スマートこの上もない、さりげない所作、渡し方が絶妙で三島美学の劇的瞬間を味わうことができたのです。

このころから三島由紀夫さんは、先輩の作家である川端康成さんにも評価されノーベル賞作家の有力候補になっていました。三島由紀夫さんが早世していなければノーベル賞を受賞していたと言われていました。受賞していればノーベル賞作家からチップを受けたホテルマンと評判になっていたかもしれません（笑）。

私のホテル学校の先輩、元ホテルオークラ故橋本副社長も三島由紀夫さんからチップをいただいたと言われました。「ホテルマンで三島由紀夫からチップを受けたのは、オレと松田君2人だけだなあ！」と誇らしげにコメントされたことも懐かしい思い出です。

作家・三島由紀夫さんは（1925年1月14日生まれ）、すでに1949年に『仮面の告白』、1956年『金閣寺』、1964年『潮騒』と次々と代表作を発表し人気作家としての地位を不動のものにしていました。私が出会った1961年には『憂国』を発刊しています。

しかしながら、1970（昭和45）年11月25日、陸上自衛隊市ヶ谷駐屯地に突入決行自決！　満45歳没。このとき私は「名古屋都ホテル」の宴会係長で、宴会ロビーのテレビで「三島由紀夫自決！」という突然の悲報に驚愕《きょうがく》しました。

3．ホテルオークラ野田岩次郎社長とロータリークラブ秘話

「ホテルオークラ」が開業してしばらくしてから「東京西ロータリークラブ」の例会が「玉庭の間」で行なわれました。野田岩次郎ホテルオークラ社長が例会にメーキャップされ、例会終了直後に「来週、君を帝国ホテルのロータリークラブの例会に連れて行く」と、おっしゃってたいへん驚きました。

「ロータリークラブやライオンズクラブは料理の料金は安いが、それぞれの地域の著名人が会員でホテルの大事なお客さま。ビジネスチャンスが非常に多い団体」と強調されました。

私のような若い者にとっては、ロータリークラブやライオンズクラブは初めての体験。野田社長は、私にとっては〝雲の上の人〟で、緊張しながら「帝国ホテル」のロータリークラブの例会にご一緒させていただいたことは今でも脳裏に焼き付いています。

以来、ホテルマンのスタートから現役40数年の長きにわたり野田社長のご教示を忠実に守り実行してきました。そのおかげで多くのロータリークラブやライオンズクラブの会員の皆さまに親しくご指導を賜りました。お仕事をいただいたことは枚挙にいとまがありませんでした。

野田社長はこのように人材育成がいかに大事かを若いホテルマンに身をもってお示しになられました。私も次世代の若いホテルマンにつながる大切な事象ととらえておきたいと思います。ロータリークラブやライオンズクラブは、大切なお客さままでです。

改めて若いホテルマンの皆さんやこれからホテルを目指す皆さんに告げます! 今からでも遅くありません。アテンドを疎《おろそ》かにしないで一生懸命してください。ビジネスチャンスの宝庫です。

4．ホテルオークラ退社と名古屋都ホテル入社

「ホテルオークラ」は開業1年前から、開業して2年、都合3年で名古屋に帰郷。野田社長、直属の部下である橋本課長はじめ「ホテルオークラ」の皆さんによくしていただきました。

東京にいてもっと勉強を続けたかったのですが、姉が嫁いで一人残った年老いた母親を上京させるわけにもいかず、苦慮の日々でした。そんな矢先、近畿日本鉄道株式会社直営の「名古屋都ホテル」が1963（昭和38）年9月に開業するにあたり、開業の1年前に先輩からお誘いがあり断腸の思いで郷里に帰ることを決断しました。

退職のときは、虎ノ門にあるレストランを貸し切って送別会を宴会の皆さんにしていただきました。模擬店も設営され、石井音楽事務所のご厚意でアトラクションも用意していただき身に余る破格の送別会でグッと胸を打つものがありました。送別会がお開きのあと東京駅まで宴会の皆さんにお見送りをいただき上京した母

ともども涙しました。

新幹線もまだなく夜行列車での帰名でした。情の深い橋本保雄課長と足利先輩が陣頭指揮で皆さんにお見送りをいただきましたことは終生忘れることができません。

このように「私は野田社長をはじめ素晴らしい指導者の皆さまと宴会の皆さまに温かく支えていただきながらの退職は忸怩《じくじ》たる思いでした」。いただいたご厚情、ご恩は、今なお決して疎かにいたしておりません。

5．7人の社長に仕えた名古屋都ホテル時代

「名古屋都ホテル」は開業準備室よりお世話になり、定年退職をするまでの38年間勤めました。近鉄グループの近鉄・都ホテルチェーン（1999年以降、株式会社都ホテルズ）が運営していたホテルです。役員クラスは皆、近鉄はじめ名古屋財界人などの多士済々でした。ホテルのプロパーは私一人きりです。最後にはホテルマンの私が常務取締役というポジションを得ました。

自身の栄進の話をするのは大変おこがましいのですが、「生粋のホテルマンでも管理職に就けるんだ」という夢や希望につながればと思い書かせていただきます。

2000（平成12）年3月、37年間の幕を閉じるまでに7人の社長にお仕えしました。初代・故・吉田龍作社長、2代・故・廣瀬春男社長、3代・故・早川重雄社長、4代・故・米原昇社長、5代・故・大塚孝哉社長、6代・高橋義親社長、7代・鶴見俊輔社長です。2代の廣瀬社長ご夫妻には媒酌人をしていただきました。

中でも4代・米原昇社長には役員（取締役）と役付き役員（常務取締役）に抜

てきしていただきました。その間、全国ＢＭＣの会長就任、そして再任には「余人を以て代えがたいこと」と深いご理解を承りました。

「名古屋都ホテル」のオーナーは近畿日本鉄道株式会社の故・佐伯勇社長が会長を務められました。佐伯オーナーが大阪商工会議所の会頭をされていたご縁で、名古屋商工会議所の三輪常次郎会頭はじめ、名古屋財界のお歴々が揃い経営に参画されました。

豊田章一郎氏以外はすでに故人となられていますが、お名前をご紹介いたします。松坂屋の伊藤次郎左衛門氏、興和の三輪常次郎氏、三輪隆康氏、日生の弘世現氏、タキヒョーの瀧潤次郎氏、トヨタの豊田章一郎氏、日本碍子の鈴木俊雄氏、竹見淳一氏、大同製鉄の石井健一郎氏などです。

人材育成に関しては、近鉄・都ホテルチェーン教育委員会が立ち上がり、委員長が名古屋都ホテルの故・西川元夫専務取締役でした。

西川委員長から「松田部長は全国ＢＭＣの会長を歴任し、ホテル業界やホテルに精通した生粋のホテルマンだから都ホテルチェーンの教育向上にひと肌脱いでほしい」という要請があり事務局長を拝命しました。

もちろん、「はい」と答えました。どんなことでも素直に応え、仕えていくことが勤める者の義務であり、姿勢です。7人の社長に仕えましたが、それぞれ個性は異なりますが、どの社長にも変わることなく真摯に取り組んできたことが、ホテル運営や名古屋の土地に明るくない社長たちにとって重宝だったのだと思います。

西川委員長からのご指名を受け、一生懸命に近鉄・都ホテルチェーンの若きホテルマンの人材育成に近鉄・都ホテルチェーン教育委員会の皆さんとともに鋭意努力いたしました。委員会ではＨＲＳ日本ホテルレストランサービス技能協会のカリキュラムの研修やセミナーも実施しました。

その中で最も苦労したのが「ホテルマン」必携のハンドブックを作ることでした。教育担当の皆さんと本の作成に全力を傾注し、やっとこぎつけてホッとしたことを今でも覚えています。その思い出はいまだに忘れることができません。チェーンの若きホテルマンの皆さんに、いささかなりともお役に立ったと思っています。

「ホテルオークラ」時代に野田会長に教えていただいたロータリークラブへの営業促進には意を注ぎました。私はライオンズクラブの会員として多くのお仕事をいただきました。また、近鉄グループの企業の連携と結束強化と営業促進のため「中部近鉄各社会」が結成され会長を仰せつかりました。ホテルのほかにバスやタクシー、旅行エージェントやビルサービスなど約30社が加盟し、2カ月に1回のペースで会合を開きました。交流を通じて宴会や結婚式、宿泊などビジネスチャンスが発生し、ホテルの売り上げ増進に寄与しました。地域においては不況に強い学校関係や各種団体にも積極的に働きかけ、学校行事や学校の忘年会、新年会、先生の歓送迎会、優勝祝賀会など、さまざまな宴会を受注しました。同窓会からもビジネスチャンスを得ていました。

もちろん、時代や名古屋におけるホテルとしての環境が良かったのかもしれませんが、誰にでも真摯に向き合い、一生懸命に取り組んできたことにより結果的にプロパーから役員に飛躍することができたのだと思います。

特に電鉄系は例えば食中毒などの事故が起きたら大変なことになります。安全、安心を第一に取り組んでいるからこそ、些細《ささい》なミスも許されません。幸いに閉館するまで何事も起こらず幕を閉じることができました。徹底した衛生管理や顧客管理に目を光らせていたことも、プロパーで役員に登用された理由の一つかもしれません。

社内外のコミュニケーションはとても大切なことです。最近は出世を望まない若者が多いと聞きます。誰でも前向きに真摯に取り組めば道は開けます。ぜひ、新たなホテル時代の幕開けに挑戦していただきたいです。

6. 名古屋都ホテル開業と閉鎖について

1963（昭和38）年9月21日、近鉄・都ホテルチェーンのホテルとして客室301室、宴会場、結婚式場、ミヤコ地下街などを備え開業しました。地上10階地下4階のアルミ窓枠が目を引くユニークな建物は、芸術院会員、文化勲章受章者・故村野藤吾氏の設計で、日本の伝統美と近代性が見事に調和していました。

名駅周辺に同時期にオープンしたほかのホテルとともに「駅前ホテル村」とも通称されました。読売ジャイアンツなどプロ野球球団の定宿地でもありました。その後、愛知万博が開催された1970（昭和45）年には客室400室に増築するとともに、大宴会場「紫雲の間」を新築し、2000（平成12）年3月末をもって営業を終了し、37年の歴史に幕を引きました。

顧みますと、私は「ホテルオークラ」、「名古屋都ホテル」と都合40年の長きにわたり多くの方々に支えていただき、充実したホテルマンの道を歩むことができました。両ホテルとも創業1年前からの入社でした。このことは終生忘れることのできない、限りない大切な思い出であり、誇りと感謝の日々でした。

7．歴史的な東京五輪と新幹線開通

(1) 新幹線の開通は1964年（昭和39）年10月1日。今年で51年になります。新幹線は東京・新大阪を3時間10分で運行。万が一のトラブルを考えて、初めは4時間の運行でした。

私事ですが、この東京オリンピックの開催された10月10日に結婚式を挙げました。私にとって終生忘れることができません。昨年、満50年で金婚式を迎え、新幹線も東京オリンピックも同様に満50年を迎えています。不思議な巡り合わせです。

(2) 東京オリンピックは1964（昭和39）年10月10日に開会。1964年は新しいニッポンの始まりで、ともに日本中が沸き返りました。当時、日本は敗戦後のどん底から抜け出して、高度経済成長のまっただ中、東海道新幹線が東京オリンピックの開幕に合わせて、その直前の10月1日に開通し、日本の戦後史でも特筆すべき画期的な出来事です。

8．2020年東京五輪の開催決定の瞬間

2013年9月7日、アルゼンチン首都ブエノスアイレスで開催されたIOC総会で「2020東京オリンピック・パラリンピック」の開催が決定しました。私はこの日、アルゼンチンから東京五輪招致活動の日本人代表者のプレゼンテーションの様子を深夜のテレビの前で固唾《かたず》をのんで見守りました。

スペインのマドリッドとトルコのイスタンブールが強敵でした。見事に破って「2020東京オリンピック・パラリンピック開催」決定の瞬間は、感無量！　日本国中沸き返りました。この栄冠を勝ち取ったのは、日本の7人の皆さんのプレゼンテーションが2百数十名の招致委員の心を動かしたからです。

中でも滝川クリステルさんのプレゼンテーション「お・も・て・な・し」の心が圧巻で、2013年の『流行語大賞』に選ばれました。われわれホテル・レストラン業界にとりましても「お・も・て・な・し」の心は、永遠のテーマであり、世界に発信され脚光を浴びたことはビッグニュースで目頭が熱くなりました。

「東京は皆さまを、ユニークにお迎えをします。日本語ではそれを『おもてなし』という一言で表現できます。それは、見返りを求めないホスピタリティーの精神、それは先祖代々受け継がれながら、日本の超現代的な文化にも深く根付いています。『おもてなし』という言葉は、なぜ日本人が互いに助け合い、お迎えするお客さまのことを大切にするかを示しています。東京は世界で最も安全な都市です。次の3項目においても第1位の評価を受けました。公共交通、街中の清潔さ、タクシーの運転手の親切さです」

明るい笑顔で表情と身振りを交えたプレゼンは胸を打ちました。特にフランス語のプレゼンは圧巻で招致の決定打になったと思います。まさしくトレビアン！特に英国の接客コンサルタント会社のニック・バーリー氏が日本のプレゼンテーターに猛特訓の指導をされたと聞いています。

「日本流のホスピタリティーは、とても特別で英訳することができなかった。これはそのまま使った方が良いと考え、すべてのプレゼンに使った。最終プレゼンでは、プレゼンの達人、滝川クリステルさんが、この言葉を使うとさらなる効果があがった。『お・も・て・な・し』という言葉を一語一句区切って、ゆっくり話し、動作を入れて、最後の最後まで猛特訓した。もしプレゼンでもキーワードを聴衆の記憶に残したいのなら書き留めることができるような、『ゆっくり話す』ことが大切です」とニック・バーリー氏はアドバイスされました。この「お・も・て・な・し」のプレゼンが、日本国内はもとより世界を席巻してうれしい限りです。

あるとき〝徹子の部屋〟で、私は、滝川クリステルさんのブエノスアイレスでのプレゼンの秘話を偶然に聞くことができました。「オリンピック・コーディネーターとしてプレゼンの特訓で3日間眠れなかったし食べられなかった。お風呂の中でも練習しました。東京に決まったときは、フェンシングの大田雄基選手とともに涙を流して泣いてしまいました。皆さん寝不足でした。5歳になる姪っ子が『お・も・て・な・し』のプレゼンをやって見せてくれてうれしかったです」と述懐されました。黒柳徹子さんが「あなたのようなキャスターのエキスパートでも緊張するんですか?」と印象的なコメントをされました。

9. ノーベル賞作家・川端康成先生と ホテルオークラ野田岩次郎社長

下に掲載している色紙は、ホテルオークラを定宿にしておられた東山魁夷画伯とご親交のあったノーベル賞作家・川端康成先生が晩年に、「この言葉こそ、ホテルオークラの心、精神でしょう」と野田岩次郎名誉会長に贈られたものです。

あるとき、今は亡きホテルオークラの橋本先輩の副社長室を表敬訪問したときに、壁に飾ってある川端康成先生直筆の色紙を見せていただき感動したことを今でもはっきり覚えています。この言葉こそホスピタリティー産業にとって最たる標語です。ホスピタリティーとは一言で表

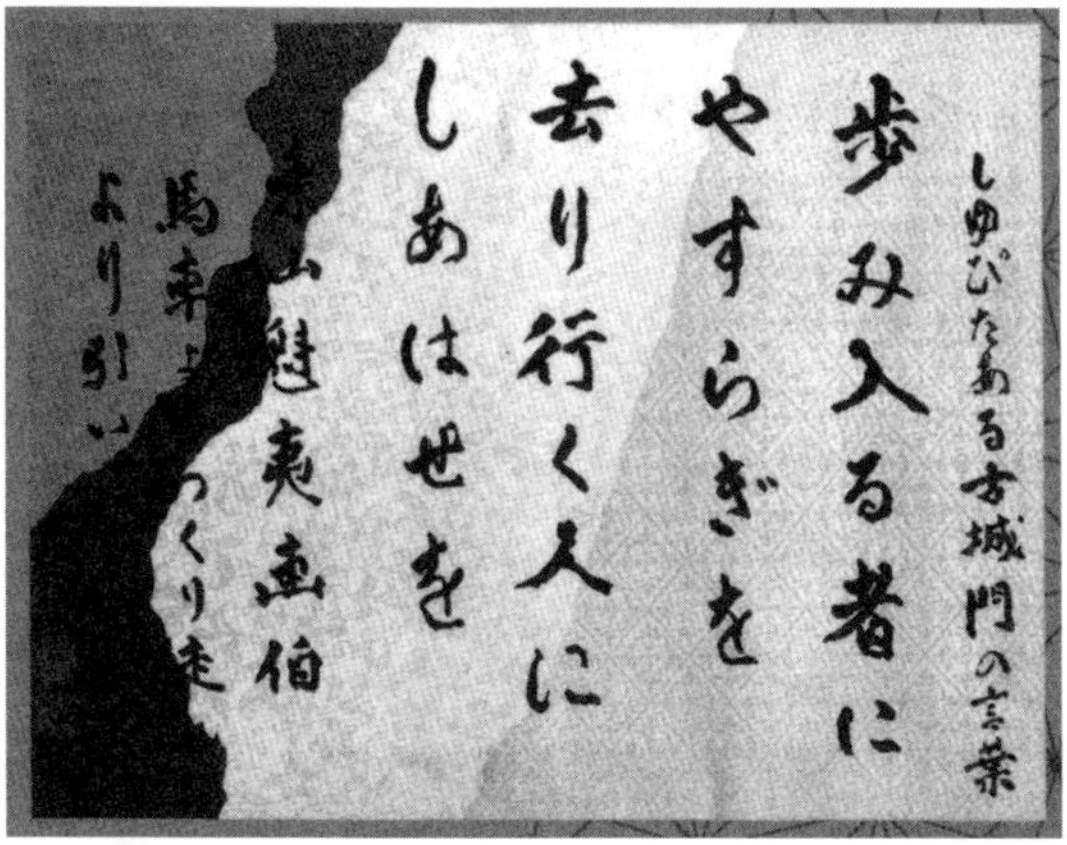

すと『お・も・て・な・し』と同義語です。私のモットーは、どなたにも『温かい、心遣い』『親切な、優しい思いやり』『明るい笑顔』です。このキーワードを日々強い意志を持って実行し40年間のフルマラソン・ホテルマン道を大過なく完走しました。

お客さまと同時にホテルのすべての皆さんにも同じように接しました。言葉を換えれば「このサービス精神で社内セールスも疎かにしてはならない」と説きました。社内コミュニケーションこそ営業力の向上に寄与するからです。

私の大好きな言葉は、『Warm & Attentive』と『心意気』です。この Warm & Attentive はアメリカのコーネル大学・観光学科のキーッチフレーズです。

第三章 業界団体ＢＩＡ、ＨＲＳ、ＢＭＣから学んだ心意気

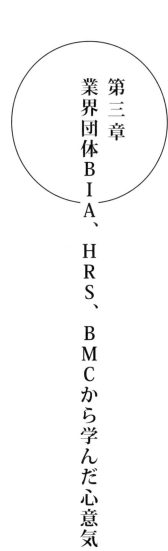

1．ＢＩＡの歴史と塩月弥栄子会長との「想い出」語録

ＢＩＡ社団法人日本ブライダル事業振興協会（現在は公益社団法人日本ブライダル文化振興協会）は、１９９５（平成７）年、通商産業大臣の許可により設立されたブライダル業界では全国唯一の業界団体です。

国内のホテル・結婚式場および婚礼に直接かかわる信頼のおける企業５００社によって構成されています。主たる業務は、人材育成委員会が担当の「ブライダルコーディネーター養成講座」です。

ＢＩＡ創設の会長であった塩月弥栄子会長は１９１８（大正７）年４月４日生まれ。２０１５（平成27）年３月８日「ミモザの日」に97歳のご長寿で逝去されました。日本を代表する茶道家で茶名は宗心（そうしん）。茶道裏千家今日庵的伝名誉教授。著書『冠婚葬祭入門』は、７００万部の空前の大ベストセラーです。

茶道教室「弥栄子の茶室」を設立された塩月弥栄子会長のあと、お嬢様の五藤禮子教授が養和会の主宰を引き継がれました。

ＢＩＡは、本年設立20周年を迎え、２月15日には「帝国ホテル」において会員企業代表および関係機関のご来賓など、５００名の参加のもと、粛々とした記念式典および盛大な祝賀会が執り行なわれました。不肖私も、10周年表彰に続いて20周年記念式典においても功労章を賜り感謝いっぱいでした。10周年表彰のときは「椿山荘」（現在、椿山荘ホテル東京）のステージで塩月会長から盾と表彰状と金一封を賜りました。忘れられないシーンです。

昨年、塩月弥栄子会長が逝去され、富士屋ホテル株式会社代表取締役社長勝俣伸氏が会長に就任されました。野田義兼専務理事ともども協会の発展と繁栄に邁進《まいしん》されておられます。

2. 塩月弥栄子会長と私の出会い

ＢＩＡ設立総会は、１９９５（平成７）年「ホテルオークラ」の「玉庭の間」で執り行なわれました。塩月弥栄子会長と大西敏之副会長（当時）、橋本保雄専務（当時）、野田兼義専務理事、私は、全国ＢＭＣ会長として出席させていただき盛大な設立総会となりました。司会は塩月会長がお気に入りの門下生、事務局の青木綾子さん（現在は米山綾子さん）が担当されました。

塩月会長は当時よく野田専務理事について、「ブルドーザーのように馬力がありますす」とおっしゃいました。まさしく、明るく、お人柄もよく、活力にあふれたリーダーシップのある存在です。

ＢＩＡは本年2月15日「帝国ホテル」で20周年を迎え、このことはひとえに野田専務理事のご功績です。長年にわたりご指導を賜り心より敬意を表します。

翌年の１９９６（平成８）年より、私は、社団法人日本ブライダル事業振興協会の人材委員長に就任させていただきました。その委員会でＢＩＡ齋藤伸雄常務理事さん、本田敏彦常任理事さんとご一緒で、いろいろご指導ご厚情を賜りました。お二方とも業界の発展に貢献されておられます。齋藤伸雄常任理事は由緒のある新潟県護国神社の宮司さんで、「迎賓館ＴＯＫＩＷＡ」の館長もされ、人材育成に力を入れブライダルの年間件数は群を抜いています。

ブライダル業界の健全なる発展に向け、かかわる人材の育成を事業の一つの柱とし、「ＢＩＡブライダルコーディネーター養成講座」を年1回、東京会場、大阪会場で実施していました。塩月会長は特に人材育成に熱心に取り組まれ、東京・大阪の会場に必ず足を運ばれました。私は１９９６（平成８）年、ＢＩＡ常任理事に就任し人材育成委員長を7年間務めました。

その間、計14回、塩月会長をご案内するサポート役としてお供させていただきました。7年間の「ＢＩＡブライダルコーディネーター養成講座」修了者は１３１５名でした。開講以来昨年２０１５年までの修了者は、３７２２名輩出しています。

お一人でお越しになるときは新幹線を降りてからご自宅までスムーズにお帰りになられるよう次女の五藤禮子様と連絡を取り合うなど、常に緊張感を感じながらもご一緒に東奔西走したことは終生忘れることができません。その道中で塩月会長からいろいろなことを教えていただきましたので、一部をご紹介いたします。

「皆さんは、いつも、どこかで誰かに見られていることを意識しなさい」

「背筋を伸ばし、美しい立ち居振る舞いを心掛けましょう」

「お洒落《しゃれ》にも気を使いましょう」

「握手は、親指の根元の皮膚が相手の親指に触れるようしっかりとしてください。しっかりとした意志のもと、明るい笑顔で、アイコンタクトしながらします。日本人は遠慮しがちで、握手が軽やかで浅いです。もっと心をこめて堂々としてください」

実際に「ブライダルコーディネーター養成講座」修了式では、塩月会長は演壇で受講生に修了証、記念のＢＩＡバッヂを一人一人にお渡しになられました。

１２０名の受講生に対して、たいへんな労力だと思います。その修了式を長年にわたり実行され、毎回そのことを実行されるパワーには、本当に圧倒されました。

笑顔、アイコンタクト、しっかりした握手など、こまごまと注意をされます。握手の仕方が弱々しい、手が脂ぎっている、「ハイ！　ありがとうございます」の声が小さい。もっとはきはき声を大きく出しなさいなどズバズバとその場で注意をされます。

礼儀作法のお手本を実践でお示しされることはすごいことです。受講生にとっては身につくことこの上もないことです。人材育成にかける強い意気込みは胸に迫ります。

3. 塩月弥栄子会長と「きんさん・ぎんさん」の初対面

ＢＩＡ中部支部設立パーティーが１９９７（平成9）年、7月「名古屋都ホテル」で執り行なわれました。ゲストに当時１０５歳のツインカップルとして全国区デビューの「きんさん・ぎんさん」を、榊原哲夫元ＢＩＡ理事が紹介してくださいました。控室で、塩月会長と「きんさん・ぎんさん」との劇的な初対面が実現した瞬間です。

お嬢様の五藤禮子様は「母・弥栄子は、ＢＩＡの会合に出席する度に松田様にお心をかけていただき、うれしそうな顔をして居りました。特に、きんさん・ぎんさんに会わせていただいたときに『会長《きゃあちょう》さん！　マンダ　ワキャノォ！　子どもみたいじゃ』と言われたことを楽しそうに繰り返し話してくれました」と述懐されました。

日本人はシャイで人前では尻込みをするとよく言われますが「きんさん・ぎんさん」は、初対面でお世辞というか相手をほめたたえる「おもてなし」の心を持ち合わせた達者な日本語に感心しました。

塩月会長とお2人は年齢が25歳差。会長は当時80歳で「きんさん・ぎんさん」は105歳。ちなみにお2人の御家は裏千家と知らされ会長は、この上なくご機嫌でした。塩月会長は、まさしく25歳も年下で若い！　会長は終始大喜び！　さしずめ会長と「きんさん・ぎんさん」の女子会トークショー化したパーティーは、がぜん盛り上りお開きが名残惜しいものとなりました。

このように塩月会長は〝ゲストを遇する〟精神で、お2人の盛り上げ役に回り「きんさん・ぎんさん」に対する「おもてなし」の心が遺憾なく発揮されました。「おもてなし」とは、「相手に対する思いやり」と、いつもおっしゃっていました。それを見事に実証され、このパーティーは本当に参加された皆さん全員が笑いにあふれたものでした。笑いは脳に刺激を与えると医学的にも証明されています。

〝明るく、楽しく、元気よく〟は、私のモットーですが、今、話題のDAIGOさんが省略語で人気を博しています。私のフレーズをDAI語で言いますと「A・T・G」です。先日、TVで結婚披露宴の記者会見でDAI語を連発していました・・・

「I・H」＝I　am　Happy!　ほほ笑ましいご夫妻の記者会見でした。また、安倍首相はビデオメッセージを寄せ「KSK。〝必ず、選挙に、勝つ!〟ではなく、〝必ず、幸せになって、ください〟です」と冗談交じりに省略語を使って祝福し、会場を大爆笑させていました。

ホテルマンの皆さんも「きんさん・ぎんさん」のように〝明るく、楽しく、元気よく〟日々明るくお客さまの接客に精励されることを祈念いたします（笑）。このように「きんさん・ぎんさん」も、明るい笑顔で、声が大きく、相手をほめる、食欲も旺盛で、皆さん圧倒され通し。お家の人に伺うと「仲良しだがけんかもするし、ライバル意識というか、お互いが競い合うことが長寿のヒミツ!」と述懐をされました。

それ以来、塩月会長は、講演や書物で「きんさん・ぎんさん」とのご対面エピソードをほほ笑ましく紹介され続けられました。8月1日のお誕生日には、金銀の「ちゃんちゃんこや」、金銀のポーチなどを贈られ温かい気くばりをされたことも懐かしい秘話です。

4．塩月弥栄子会長とのお別れ会

先述の通り塩月会長は、２０１５（平成27）年3月8日大好きな「ミモザの日」に逝去されました。享年97歳。合掌・・・

告別式は、同年3月17日、雲一つないよく晴れ渡った青空のもと美しい「東京青山葬儀所」で千数百名が参列し、しめやかに執り行なわれました。赤井武彦元全国ＢＭＣ事務局長と一緒で青山葬儀場は初めての参列でした。青山は、東京でも最も高い場所にあります。まさしく高い青い山から、東京の大ビルディング群を俯瞰することができ圧巻でした。

河野洋平元衆議院議長が葬儀委員長として弔辞を述べられた一文をご披露いたします。

「（中略）塩月会長は「ミモザの花」と「黄色のバラ」が大好きでした。「私の葬儀には、ミモザの花をいっぱい飾ってください。棺には、バラは私の身体に棘が刺さって痛いのでダメです（笑）。ミモザの花にしてください」（中略）と生前、ほほ笑ましく述懐されました」

ヨーロッパではミモザは春を告げる花です。西洋では、春の象徴カラーは黄色と言われます。黄色い花は、ヨーロッパの厳しい冬に終わりを告げ、暖かい春が来たことを知らせる幸せの花なのです。イタリアでは男性が日ごろの感謝を込めて、母親や奥さん、会社の同僚、素敵な人などにミモザを贈ります。

カクテルのミモザも有名で、一流のホテルのバーのワインリストには欠かせない人気の飲み物です。シャンパンにフレシュオレンジジュースを注いで軽くステアします。フルート型のお洒落なシャンパングラスを使用します。華やかな黄色のミモザの花に似ているところからこの名前で呼ばれるようになりましたが、もともと上流社会で「シャンパン・ロ・ランジュ」と呼ばれ愛飲されました。

若いホテルマンの皆さん！「ミモザの花」と「ミモザのカクテル」は、ぜひ覚えておいてください。

5. ＨＲＳの歴史について

ＨＲＳの始まりは、日本の文化や歴史の伝統を認識し、かつ相互の親交を深めることを目的に東京會舘で開かれた「東京・宴会・レストラン懇話会」です。その後、１９５１（昭和26）年に日本ウェイター協会として発足。以来、さまざまな変遷を経て、１９８５（昭和60）年、現在の一般社団法人日本ホテル・レストランサービス技能協会（ＨＲＳ）が発足し今日に至っています。

●ＨＲＳは、The Japan Hotel and Restaurant Service Development Association の略称です。

ＨＲＳ一般社団法人日本ホテル・レストランサービス技能協会とは、厚生労働省認定のわが国唯一の料飲サービスマンの団体です。サービス精神とサービス技術の向上を目的として、１９８５（昭和60）年、労働省の認可を受けて設立され今年で31年を迎えています。現在は、元藤田観光株式会社取締役社長の森本昌憲氏が会長に就いておられます。

主な事業は、国から委託されている国家検定試験「レストランサービス技能検定」です。「レストランサービス技能検定」に合格すると、1級は、厚生労働大臣名で合格証書が授与されます。2級3級は、HRS会長名での合格証書が授与されます。同時に、各級ごとに「レストランサービス技能士」と称することが認められます。合格後、希望者は級ごとにバッヂを購入して着用することができます。

ほかの事業としては「西洋料理テーブルマナー講師」、「日本料理食卓作法講師」、「中国料理食卓作法講師」の認定に関する事業等HRSサービスコンクール（年1回）〈厚生労働省・東京都・後援〉、技能グランプリ（2年に1回）があります。昨今は「資格万能時代」と言われます。ほかにもソムリエ・バーメンズマンなどあらゆる分野にわたっています。この資格を取得することは「個人の知的資産」として大きな財産になります。

協会の目的は、先にも述べた通り人材育成により「サービスの資質の向上」を図り「お客さまの満足度」を高めることにあります。「飲食」は欠くことのできないものです。飲料や調理された料理が、心のこもった洗練されたサービスでお客さまに伝わっていくことがわれわれの求めるところであります。

いよいよ『２０２０年東京オリンピック・パラリンピック』の開催も余すところ4年です。内外から大勢のお客さまがご利用になります。われわれ業界にとりまして画期的なイベントであり、素晴らしい〝おもてなし〟をして差し上げ、多くのお客さまに喜んでいただき、感動を与えるような人材の育成に皆さんが邁進されますことを切望します。

私はＨＲＳの理事を１９９５（平成７）年から12年間にわたり務めました。理事退任後は２００７（平成19）年より監事に就任し、２０１０（平成22）年10月に退任。理事、監事と都合15年の長きにわたり務めさせていただきました。その後は、ＨＲＳの個人会員のかたわらＨＲＳ中部地区のアドバイザーとして今日に至っています。

6. HRSの国家試験について

サービス業界に従事する皆さんとともにサービス業を目指す皆さんには積極的に資格試験に挑戦し「おもてなし」の技法をさらに磨いてください。

学科試験は60点をクリアすると実技試験の資格が与えられます。「西洋料理料飲接遇サービス技法」などの参考書を何回となく精読することが合格への近道です。試験には遅刻を絶対しないこと。時間には余裕をもって試験の始まる1時間前には試験会場に入ることを勧めます。

■**検定受検の実務経験について**

◇1級　実務経験　11年以上、2級合格後4年以上。3級合格後10年以上。
◇2級　実務経験　3年以上、3級合格後2年以上。
◇3級　実務経験　1年以上。

■実技試験におけるサービスの所要時間

◇サービスの所要時間は、1級30分、2級15分、3級9分です。タイムオーバーは致命的なミスになります。採点は、60点以上が合格です。サービス中の少しの失敗は、気にしないで、どんどん作業を進めることが肝要です。

◇ポイントは、基本に忠実で繰り返し、繰り返しシミュレーションすることが成功の秘訣です。野球でも基本に忠実、基本の徹底です。ノックも千本ノックを受け守備力を鍛えます。それと、明るい笑顔、きびきびした態度、清潔な身だしなみもサービスマンとして大切な要素です。

7．ＨＲＳ設立30周年
平成28年ＨＲＳ新春・会員の集い（名古屋にて）

「名鉄グランドホテル」において2月8日（月）に行ないました。この集いは「ＨＲＳ中部」のパイオニア根木政美氏のもと優れたリーダーシップを発揮する福森智昭運営委員長のもと中部地区委員の方々のご協力もあり、通常よりも多い約60名のご参加をいただきました。

まず２０１５（平成27）年度合格者（レストランサービス技能検定1・2・3級、西洋料理・日本料理・マスター認定講師）の合格証書授与式を行ない、ＨＲＳ設立30周年、平成28年ＨＲＳ新春・会員の集いへ移りました。

森本昌憲会長のあいさつに始まり、「名鉄グランドホテル」山本輝幸総支配人のウエルカムスピーチ並びに乾杯のご発声で懇親会がスタートしました。普段は交流する機会の少ない他会社の年代の方々と、終始なごやかに懇談されている姿があちこちで見られました。

合格者と会長の記念撮影などの後、「ホテルアークリッシュ豊橋」の細野晃一さん、「ウェスティンナゴヤキャッスル」の安井文武さんによるクレープシュゼットのデモンストレーションがあり、レストランサービス技能検定合格者の方など、お二人のデモンストレーションを参考にしたいと、間近にご覧になっていました。

宴たけなわの中、閉会あいさつの根木政美監事の一本締めでお開きとなりました。

8．ＢＭＣの歴史について

橋本保雄元ホテルオークラ副社長の呼びかけで「宴会支配人協議会」として発足。当初は、東京のホテルが中心でしたがその後、大阪、名古屋、九州など全国から要請を受け、会が編成され現在の全国12地区となっています。12地区ＢＭＣは、北海道、東北、東京、北陸、名古屋、京滋、大阪、中国、広島、四国、九州、沖縄です。

正式な名称は全国ＢＭＣ（全国宴会支配人協議会）です。東京ＢＭＣは橋本保雄氏が初代会長に就任。東京ＢＭＣは、来年、２０１７（平成29）年に設立50周年を迎えます。私は１９９３（平成５）年、全国ＢＭＣ会長に就任し、３期６年務め常任顧問を経て２００３年会友に就き、現在に至っています。

ＢＭＣは、ホテルにおける宴会（Banquet）・婚礼（Wedding）・料飲（Food & Beverage）に関するあらゆる分野の情報収集、分析を行ない、それらを会員へ適切な伝達を通じ、業界の発展に努めることにより、会員の資質向上および相互の親睦を図ることを目的として設立されました。

ホテルや結婚式場等から構成される会員組織で、正式名称は、Banquet Manager's Conference（バンケット・マネージャーズ・カンファレス）通称ビー・エム・シーと言います。全国12拠点に散らばるメンバーのネットワークを通じ、これまでにも増した業界の発展に寄与していくことを使命として活動する団体です。

◇BMCの活動と成果について

★ホテルにおける結婚披露宴がさほど一般的ではなかった時代に、ホテルウエディングを活性化させ、現在のような状況を作り上げました。

★バンケットが単に「飲食をする場所」ではなく、さまざまに嗜好を凝らしたものであるべきとの考えから、種々の提案や取り組みを行ない、より楽しく洗練されたバンケットに進化していくことを目指しています。

★ホテルに「法宴ビジネス」を導入した先見性などBMCのホテル業界に対する功績は枚挙にいとまがありません。

◇ＢＭＣの主な活動について

ＢＭＣでは、会員相互の情報交換のみならず、各種の勉強会を随時開催し、全国ＢＭＣ役員と全12地区の会長および役員が一堂に会して、さまざまな問題点の討議や、会運営の施策を行なっています。

1回は総会にあて、もう1回は全国ＢＭＣ研修会と題して講演会やパネルディスカッションなど開催しながら時代のニーズを把握し、有意義な活動を行なっております。

★一般社団法人日本ホテル・レストランサービス技能協会（ＨＲＳ）が行なっている厚生労働大臣認定レストランサービス技能試験への連携を進めています。

★ＢＩＡ社団法人日本ブライダル文化振興協会やそのほかホテル関連団体との連携を強化しています。

★民間団体などの依頼を受けて講師派遣しています。ＢＭＣの活動をさらに推進し、業界・社会に貢献すべく鋭意努力をしています。

9．平成28年度全国ＢＭＣと 北陸ＢＭＣ合同新春の集い

２０１６（平成28）年度「全国ＢＭＣ冬季総会」は2月2日、今年度より会長に就任された経営にスピード感のある斉藤克弥新会長のもと「金沢東急ホテル」で盛大に開催されました。

◇「研修会第一部」は、金沢市長　山野之義氏　講演

テーマ『金沢市の観光について』

１　北陸新幹線開通後の金沢について

２　金沢の魅力ある観光企画について

◇全国ＢＭＣ研修会第二部　パネルディスカッション

テーマ　「地方創生～行政とホテルの未来創造＝想造」

２０１６・２・２　金沢東急ホテルにて

コーディネーター
北陸宴会支配人協議会（北陸ＢＭＣ）会長
ホテルグランテラス富山（旧名鉄トヤマホテル）
副総支配人兼管理本部長　湯上　均（ゆがみ　ひとし）氏
パネラー
石川県金沢市長　山野　之義（やまの　ゆきよし）氏
株式会社ホテルオークラ東京　代表取締役会長
清原　當博（きよはら　まさひろ）氏
金沢東急ホテル　執行役員総支配人
斉藤　克弥（さいとう　かつや）氏

○湯上コーディネーター
※斉藤氏への質問
●金沢東急ホテルに就任されてから金沢市について
斉藤氏

○「新幹線が開通して、マイスもかなりのペースで行なわれている。今までになく石川県そして金沢市も活性化され、注目された一年になった。それと同時に、地方自治体と民が一体化されバイタリティーのあるエリアになったと思う」

○湯上コーディネーター

※山野氏への質問

●官と民が一体になった要因は

山野氏

○「昭和50年早々、金沢駅～武蔵ケ辻～香林坊・片町へと再開発を「民」「官」の先輩方が精力的に取り組んできた。再開発が完成した時期と北陸新幹線が開業した時期がほぼ一致した。このタイミングが極めて大きい。「民」＝経済界との県も市もベクトルが一致。石川・金沢の魅力を大切にしながら発信していこうと、「官」と「民」がベクトル一致のため何度も話し合いをした。それが良かった」

○湯上コーディネーター

※山野氏への質問

●金沢マラソンの苦労話をお聞かせいただきたい。

山野氏

○「何と言っても交通規制。市長になった瞬間から警察との信頼関係を作っていた。早い段階から警察の皆さんと協力関係が築けた。成功の一番の要因であったと思う。また、民間の皆さんの力がなかったら絶対に成功できなかった。それと宿泊施設、金沢ホテル懇話会・旅館ホテル協同組合の全面的なバックアップをいただき、宿泊施設を確保してきたが、引き続き関係者と連携を密にしながら、宿泊施設の協力について、お力添えいただけるよう取り組んでいかなければいけないと思う」

○湯上コーディネーター

※山野氏への質問

●イベントの誘致、実施に対する「官」「民」一体化のキーポイントは

山野氏

○「信頼関係、協調性につきる。県も市も連携を密にしながら民間の皆さんとの信頼関係を構築するため、何度も打ち合わせをしてきたことが、成功のキーポイントだったと思う」

○湯上コーディネーター

※清原氏への質問

●沖縄サミットや長野五輪など、指導者として経験豊かだが、世界的なイベントを受け入れる民の立場での話をお聞かせいただきたい。

清原氏

○「本日のセミナーはリーマンショック、東北大震災以降、元気のあるセミナーになっている。非常にうれしい。来年245億円の観光庁の予算が付いた。前年に比べ250％増。ますます観光が賑わってくることが想像される。沖縄サミット・長野五輪に実働部隊として、それぞれのエリア地元ローカルの若い人たち、またプロフェッショナルの方々と一緒に行った。これが成功の秘訣だったと思う。沖縄サミットの場合は、外務省から国賓公賓へのおもてなしをぜひ寄与してほしいと依頼を受ける。３つのプロジェクトを指令する。
一つは、沖縄で接遇している10ホテル教育
一つは、期間中コミュニティエリアに４万食の食事を提供
一つは、本会議の午餐会・晩餐会を行なう
一番大変だったのは、４万食の食事を提供すること。真夏の炎天下で東京から運んでくる食材をどのようにキープするかという食の安全が、大きなテーマだった。冷蔵庫・冷凍庫の機能をもった10トントラックを5台借りる。一番苦労したのは、トラック冷凍庫で中に閉じ込められると凍死するため、ブザーや外にランプを付けて対応。また、トラック外面に図面を付けて食材がどこに何があるかを、いち早く取り出してすぐ出せるようアイデア・発想としていろいろ行なった。食の安全ということが、不幸なことに4月にあるホテルで食中毒が出た。
いずれにしても食材は沖縄の食文化を使わなければいけない。ホテルスタッフは２１０人とローカルスタッフを手配。その核になったのは、地元の司厨士協会。非常に助けていただく。ウエーターースタッフも地元の方で、ローカルに密着したことからできたプロジェクトであったと思う」

○湯上コーディネーター
●想像にできない大変な苦労と察します。いろんな所への協力、先程山野市長もおっしゃられた「民」「官」の一体といったところも大きいと思うが、斉藤氏、いかがですか。
斉藤氏
○「想定よりかなり大変な内容になっていると思う。2020年に向けてが一つのポイントと思うが、大きく枠抜きに考えると日本の国が外貨と通貨においては、ビジットジャパンであるように、われわれホテル業界においては、大きな役割・担い手になっていると思う。東京オリンピックを行なうに当たり、某テレビの視点・論点やロンドンオリンピックでも話があった文化プログラムについて、後にご意見を伺いたい。オリンピックと文化は非常に深い関係にあり、「スポーツと文化と教育を融合させる」ということが、明記されている。短くともオリンピック村の開村期間複数の文化イベントを計画しなければいけないと記されている。過去最大の文化プログラムとされたのは、2012年のロンドン大会開催期間は前の北京オリンピック終了時からロンドンオリンピックの終了時までで、集中期間はオリンピック開催1カ月前から閉幕までというような12週間となっている。参加国に関しては、地域数204、場所は英国全土で、約千カ所にて開催。イベントの数は約17万7000件あり、参加アーチストは4460人、ほか含め約4340万人。ロンドンオリンピック大成功には、この文化プログラム実施が要因の一つであった。

東京だけではなく、地域をどのように動かすか、そこにポイントがあるのではと思う。われわれがいろいろ情報を取りに行くこと。業界としてどのように情報を取りに行くか、ということが一つのポイントになる。そして、地域活性化につなげる具体的な施策、情報を持っているのでなく、地方自治体の情報を取りに行く積極的な姿で誘致に協力することが、非常に大切なことではと思う。

2020年を迎えるに当たり各エリアで動いているとは思うが、金沢市として直近で何かご教授いただけることがあればお教えいただきたい」

山野氏

○「キャンプ地誘致に積極的に行きたいと議会ではいつも言っている。大きく三つの理由がある。

一つは、世界トップアスリートの競技風景が目の前で見られる。これは子どもたちにとっては夢につながる。海外の選手ならばなおさら子どもにとっては夢につながっていくことになる。これが一番大きい。

二つ目は、そのスポーツ競技力向上につながっていく。もっと言えば、視野が広がると同時に競技力の向上につながっていくことになる。

三つ目は、経済効果。選手・スタッフ・報道関係者・ファンなどもたくさん来られる。これらの方々から経済効果が得られるのではないか。そのときの良い印象を持っていただき、オリンピックに関係なきときも来られることによる経済効果の期待。

この三点から取り組んでいきたい。

具体的に言うと金沢市が手を挙げているのは「トランポリン競技」「ウエイトリフティング競技」「水球」である。トランポリン・ウエイトリフティングにおいては、石川県にゆかりのある選手がオリンピックに出ている。

もう一つはプール、現在金沢市北部で屋内プールを造っている。来年春には竣工できるのではと思っている。一昨年起工式時日本水泳連盟幹部の方にお越しをいただく。そのとき言っていただいた話に「山野市長、２０２０年オリンピックのときにこの金沢の屋内プールは日本で最新のプールですよ。リオが終わったら日本のチームからキャンプ地として使いたいと問い合わせてくるのでは」と、リップサービスとは分かっているが、２０２０年おそらく日本のプールでは最新であることは間違いないのではと思っているので、しっかりと取り組んでいきたい」

○湯上コーディネーター

※清原氏への質問

●経済効果はどうなると思われるか。また、長野オリンピック時もたらした料飲業界への効果は。

清原氏

○「沖縄サミット時は町中のレストランはクローズ。開けてはいけない。マイナス要因であった。長野オリンピック時、マイナス効果はなかった。一番大切なのはわれわれ業界が大きな催事に関して、採算が合わないというのではなく、行なうこと。行なうことによって、後の効果に大きいものがある。われわれは常に採算とイベントを手伝ったことによる付加価値、ともなうメリットを考えていなければならない。私たちに企画力があるか。われわれは常に受け身の仕事であるが、攻めを忘れてはいないか。企画力はアイデアいっぱいの観光、金沢市と比較したときに、自分のエリアで何が欠けているか。対してすぐレポートが書けるか。できなければ新しいことに対する知恵はあるか。これがわれわれ産業の課題であると思う」

○湯上コーディネーター

●われわれの業界では特に人が重要。業界の人手不足に関し、外国人労働者の受け入れに関してはどう思うか。斉藤氏にお聞きしたい。

○「現在も以前も働いていただいている。少子高齢化の中、労働力は衰える。外国人受け入れについては、さまざまなリスクがある。しかしながら目先には始まってきている。成長産業と言われる観光産業においては、外国人受け入れをしっかり押さえなければいけない。全体として取り組む必要がある。積極的にわれわれ

斉藤氏

も官に働きかける必要があると思う。労働力確保に至っては、厳しいことを感じている。山野市長、良きアドバイスあればお願いしたい」

山野氏
○「国がどんな方向性を持って接するかが大きなポイントになってくると思う。そうは言いながらも全体的に労働力不足が多い中で、意欲・まじめ・一生懸命取り組む方々と一緒に相当していくことは大切なことと思っている。また、海外から観光であったりビジネスであったり、より一層交流活発にしていく中で外国人の方にわれわれ側の戦力として一緒に労働、仕事をしていくことに、戦略的に取り組んでいかなくてはならないと思う。金沢市としてそういうプロジェクトを上げていこうと思う」

○湯上コーディネーター
●外国人受け入れに対してＢＭＣとして今後の施策があれば教えていただきたい。
清原氏
○「ここ金沢東急ホテルに来て、荷物を運んでいただいた方も外国人の方でしたが、非常に気持ちよく感じのいい方でなんら抵抗を感じなかった。この前名古屋にて話をしたが、ＢＭＣを作っていただいた橋本保雄さんが講演されたときに、35年前海外で５００人のディナーを経験された。大勢のローカルスタフ、ウエーターさんがいたけれど、最後に糸を持ってテーブルが真っ直ぐ並んでいるかチェックしろと指揮をとっていた人が日本人であった。お客さま目線で物事をとらえるおもてなしには、日本人独特のものがあった。海外の方と一緒に働く上でわれわれ日本人しか分からないおもてなしの心、これのすみわけをしっかりすることによって、日本人のおもてなしが維持されるものと思う」

○湯上コーディネーター

●外国人を受け入れるときは、いかに日本人が教育できるか。そしてその確保がどこまでやれるかによって、人手不足解消になるものでは。

※最後にパネラーの方々よりご意見を。

山野氏

○「文化プログラムについて、元文部科学大臣が常々言っておられた。金沢市が得意なジャンルでもある。実は日本・韓国・中国の文化を主販する部署・代理店同士で、コンセンサスを決め、東アジア文化都市事業をすでに行なっている。金沢市は2018年に立候補し、準備をしているところである。その事業に向けさまざまな準備を進めている。

2020年文化庁長官が東京オリンピックに合わせて、石川・富山で世界工芸サミットを行なうと言っておられる。これは金沢市においてもすごく魅力のあるものと思っている。石川県知事も積極的にやっていきたいと言っておられ、しっかり歩調を合わせていきたい。これを文化プログラムとして、金沢市がやらなければいけない。そして準備をしている。ぜひご協力いただきたいと思います」

清原氏

○「一つは、日本ホテル協会からオリンピック組織委員会に、管理職を出すことを検討している。しかしながら年齢制限がある。30代、40代を出すのもいいけれど、われわれ今の70代は元気だ。豊富な経験を生かし、まだまだ利用していただければ良いと思う。

一つは、山野市長へのお願い。京都に8年間いたが、京都の文化との違い「マイ京都」

を持っている。ぜひ「マイ金沢」を持っていただきたい」
斉藤氏
○「全体でチームになる。ＢＭＣ12地区が一つになって情報共有できれば良いと思う」

◎湯上コーディネーター
・最後に、官と民が一体になるタイミングを持って行なえば地方創生は成功する。
・ＢＭＣとしてはチームになることで成功する。

●「パネルディスカッションと懇親会」についての感想文
「古都金沢で全国ＢＭＣ冬季総会に参加。金沢市長の山野様の講演の後、ホテルオークラ東京の清原会長や全国ＢＭＣの斉藤会長のパネルディスカッションをお聞きしました。山野市長はお話もとても上手で、他業の私が聞いても刺激の多いことが多く、金沢の観光をいかに発信・プレゼンしているかをとても詳しくお話しくださいました。

清原会長は沖縄サミットやオバマ米国大統領訪問などこれまた多くの国際経験の中で培った経験をお話しされており、さすが!! ってお話が多くメモしっぱなし。若きホテルマンの将来をになう人材育成に力を注がれる心意気に感激しました。

斉藤会長は東急ホテルでは現場百戦錬磨で総支配人まで上り詰められた方なので、問題提起の仕方やお2人からのお話を引き出すのもうまいことうまいこと、こんな機会なかなかないし、本当に素晴らしかったです。

懇親会では、海鮮を中心に名物がズラリ!! 北海道から沖縄まで各地の支配人様方と久しぶりにゆっくりお話させていただき、病気になったことやここまで動けるようになっていることなど報告もできて本当にありがたい時間となりました。

松田顧問や斉藤会長をはじめとして私を育ててくれている方々がいてくださるおかげで皆さまにほんと仲良くしていただけていて、幸せいっぱいでございました」──※この感想文は、名古屋ＢＭＣ会員 ㈱オアシス代表・小崎麻莉絵様よりの寄稿によるものです。ありがとうございました。

10. ＢＭＣの思い出について

思い出はたくさんありますが、印象に残ったことを少し披露します。

一、１９９５（平成７）年1月17日の阪神・淡路大震災です。死者は何と６４３６人で避難人数は30万名以上という記録が残っています。ちょうど、そのときは、「キャッスルプラザ」で名古屋ＢＭＣの新年宴会が開かれ、炎上する神戸の大惨事の様子をテレビで見て驚きました。

大阪ＢＭＣ例会が「大阪全日空ホテル」で開催された際、全国ＢＭＣより義援金を大阪ＢＭＣに寄与させていただきました。それから、神戸のＢＭＣ会員ホテルのお見舞いに行き、被害の甚大な有様を目の当たりにして心を痛めた記憶が今でも鮮明です。このときの経験がホテルの危機管理に対しての対応マニュアルの強化につながりました。

二、全国ＢＭＣ夏季研修会での出来事です。足利先輩の発案で、１９９１(平成３)

年「全国ＢＭＣ夏季研修会」が東京・釧路間の船上で行なわれました。

そのとき、小型台風に遭遇してほとんどの参加者が船酔い状態。講師の先生方も数人お招きし大揺れの洋上セミナーでした。司会の私も立っていられないほどの中でマイクを握りしめ進行をした経験があります。夜になると揺れも収まり船上パーティーとなりました。

各地区の皆さんとの懇親会はたいへん楽しいものでした。大阪ＢＭＣの皆さんの番になりました。皆さん、歌のうまいこと驚きました。その中でも副会長のリーガロイヤルホテルの『ロイヤルの匠』にご選任されている田中清寛さんがステージに登場！　一言で言うと圧巻でした！

「美空ひばりさん」の歌がうまいんです！　美空ひばり歌謡ショーは参加者全員が今度は田中清寛さんの歌に酔いしれました（笑）。田中さんは日本舞踊の師匠でもあり、藤間寛輔《かんすけ》さんとお呼びします。私の大好きな敬愛するお一人です。今日まで親しくさせていただいています。

釧路港に到着すると船酔いがウソのように皆さん元気いっぱい回復！　近場の魚市場で橋本保雄先輩や皆さんと一緒に食べた「イカそうめん」「イカ丼」は格別

でした！　その後、空路、札幌入りをしてＨＲＳとの懇親会に一同参加して有意義な夏期研修会でした。

三、広島ＢＭＣ15周年記念パーティーは豪華絢爛そのものでした。ホテルグランヴィア広島で竹清茂会長と木村勝次宴会予約支配人が総指揮で行われました。お料理も演出もこの上もないもので素晴らしいものでした。緑が生い茂り、竹林あり、清流あり、圧巻で橋本保雄先輩も絶賛をしていました。

四、それと名古屋ＢＭＣ30週年は川上義明会長のもと基調講演はオータパブリケーションズの村上実専務、パネルディスカッションと名古屋城の夜景を眺めながらのレセプションは印象的でした。橋本先輩は奥様とご一緒で終始ご機嫌でした。パネルでの佐藤進東京ＢＭＣ会長と名古屋ＢＭＣ加藤吉克事務局長のことを「二人とも姿勢よくハキハキと大きな声ではっきり発言しこれからが楽しみな人材！」とコメントされました。

11．ＨＯＴＥＲＥＳ橋本保雄追悼集・思い出とトリビュート

松田コンサルティング事務所代表
元全国バンケットマネージャーカンファレンス（ＢＭＣ）会長
松田仁宏氏

「橋本保雄元ホテルオークラ副社長は、私の東京ＹＭＣＡ国際ホテル学校の先輩でホテルオークラ開業のときの上司でした。橋本宴会課長の下でいきなりキャプテンに抜てきされたのがホテルマンのスタートです。以来、46年の長きにわたりご指導を受けてまいりました。その間、全国ＢＭＣ会長にご推挙をいただきました。そのおかげを持ちましてＢＩＡとＨＲＳの役員に就き、感謝の言葉もございません。

２００６（平成18）年、５月17日湯本富士屋ホテルで、ＢＩＡ理事会が開催さ

れました。晩餐会で橋本副会長から「松ちゃん！　高校三年生を歌え」とトップバッターに指名され、盛り上げ役を。橋本先輩は箱根の美女と「青葉城恋歌」で箱根の夜を満喫。３カ月前の楽しい思い出で、そのとき、亡き橋本副会長の姿を誰一人予測したでしょうか。残念でなりません。７月18日「東武ホテルレバント」で東京ＢＭＣ40周年が開催されまたこの会は、橋本名誉顧問と数名の方により結成されました。

橋本先輩は入院中のため翌日、鈴木尚太郎前会長（仙台ホテル取締役総支配人）と病院に報告をかねてお見舞いに伺いました。すでに医師からがんを告知され死を覚悟し「おれは平成５年沖縄の全国ＢＭＣで法宴マーケットを立ち上げたので、ホテルオークラでお別れ会をやってもらう」と真情を吐露されたときは、驚愕の極みで思わず言葉が出ませんでした。

「ホテルオークラ」でのお別れ会は立錐《りっすい》の余地のない華麗なステージで、まさしく橋本劇場の素晴らしいフィナーレでいつまでも名残惜しい思いでした。告別式で久しぶりにお会いした喪主・昌保さん（長男）の謝辞は見事でした。「母に勇気と明るさを与えてやってください！」胸に迫りました。ご立派に成人され頼もしく思いました。

優しい思いやりの人、〝ミスターホスピタリティー〟の橋本保雄物語は不滅です。

長い間ご指導ありがとうございました。

合掌

追記：橋本保雄先輩が亡くなって本年8月11日で満10年になります。
存命であれば84歳です。私のホテルマンの最初の師匠です。

（HOTERES橋本保雄追悼集　掲載記事　抜粋）

12.『全国ＢＭＣ研修会』静岡県御殿場で開催について

場　所　静岡県御殿場　東山荘（日本ＹＭＣＡ）
日　時　１９９７（昭和53）年５月31日より２泊３日
参加者　60名　ＢＭＣ会員　ＦＢ部門　マネージャークラス
主　旨　宴会業務の研修　著名人の講話　レクリエーション等を通じて
　　　　参加者の資質の向上を旨とする

「私も参加しました。すがすがしい皐月《さつき》の御殿場は空気もおいしく爽快な研修会でした。充実したカリキュラムの勉強会や講師の先生のお話、夜は各地区のＢＭＣ会員の皆さまとの飲《のみ》ニケーションで親睦を深めました。橋本会長が各部屋にウイスキーのダルマの差し入れがあり一同感激。

　翌朝は池の周りを３周のランニングは大変苦しいものでしたが、全員が耐えて、東山荘での朝食は格別のおいしさでした」

御殿場研修会は好評でホテルオークラ料飲部の皆さんも毎年恒例で開催されたと聞いています。私は、ＹＭＣＡ国際ホテル専門学校時代と全国ＢＭＣ研修会の2回出席し、貴重な研修会は懐かしい想い出です。

13. 全国BMC創立20周年の橋本会長の寄稿文

タイトル〝全国BMCは『勉強集団』新たなマーケットを育てろ〟

『東京BMC、全国BMCの設立に際して、私がBMCに求めたのは全国の宴会支配人の〝勉強の場〟であり、その最大の目的はホテルマンの資質の向上を図ることです。BMCは懇親会ではないから、単にゴルフなどに興じて親睦を深めるだけでなく、本来は会員がともに勉強にいくための組織なのです。

全国BMC創立20周年を機に、会員の皆さまには改めて原点に戻り、設立の趣旨を再確認していただきたいと願っております。それが、今後のBMCの発展を保証する重要なファクターだと考えているからです。そして、BMCは活動の終着点として、目標は常に「新たなマーケットの育成」を目指さなければなりません。

（中略）

われわれの業界が新しい市場を創《つく》り上げていくには、私は、ホテルは単なる箱貸し業や宴会請負業などではなく、「人間のライフサイクルにおけるすべてのイベントを演出するビジネス」と考えています。ホテルという人生のステージで、どのようなイベントができるのか。それを私たちは常に提案し、積極的に仕掛けていく必要があります。（中略）

今、ＢＭＣマンに望みたいことは『頭の中のルネッサンス』、いわば新しい運動です。ＢＭＣはもっともっと物を考え、本当の勉強集団にならなければなりません。そこで学んだものはおのおのの土地柄に合わせて改良し、実践していく姿勢が何よりも肝要です。感性の時代は終わりを告げ、21世紀は脳神経の時代と言われています。神経をすり減らして自滅するのでなく、自己の脳細胞を活動させ、みずみずしくありたいものです』

全国ＢＭＣ創立20周年に寄せての橋本会長の祝辞は今なお示唆に富んだ提言で、誌上にご紹介しました。

「法宴マーケット」を創り上げたのも橋本会長です。今日、全国のホテルで超高齢社会の中、隆盛を極めている『法宴』も、橋本会長が最初に井戸を掘った人なのです（橋本保雄氏は、東京ＢＭＣ・全国ＢＭＣ初代会長でホテルオークラ副社長を歴任されました）。

第四章

怒るな！　怒鳴るな！　次世代を育てていくための実例集

1．ホテル・レストランと配膳会とのサービス連携について

現在、どこのホテル・レストランにおいても人員不足です。配膳人紹介所や全国サービスクリエーター協会（ＡＪＣＣ＝ All Japan Service Creators Conference）からの人員補充や直接、学生アルバイトで手当てをしています。

それでも現実はなかなか思うように人員を補充することが困難です。その足りない部分を社内の応援体制（社内ヘルプ）で補っているのが実情です。

今、まさにバンケット業界は「ホテル・レストランと配膳会とのサービス連携」を密にして問題点の是正に取り組む必要があります。こうした事項を、ホテル・レストランのサービス担当責任者や各地のＡＪＣＣ事業所の担当者から伺い、また、ネットで学生バイトの皆さんの意見をいろいろ勘案し集約し、その実態を以下にまとめました。

【問題点】

◆ホテル業界でアルバイトする学生の応募が極端に減少している。

配膳会またはＡＪＣＣ（同義語と言われる）は、配膳会で表現します。配膳会は、ほとんど学生アルバイトに依存しています。

最近は募集するも応募がない状態が続く。応募の割合は８：２です。女性が何と８で男性が２です。男性がホテルから居なくなるのではないかと危惧《きぐ》されます。「ホテル業界からアルバイトがいなくなるかも？」という傾向についてホテルのＧＭが警告を発しています。

◆宴会サービスのサービスレベルの低下

近年、各地区ホテルの宴会サービスを見渡すとサービスレベルの低下が著しいのが実情。このことを解決するのは、ホテルサービススタッフと配膳会の連携によるサービス強化、人材育成が急務です。

◆宴会サービスの実態については3K

3Kは一般に「きつい」「汚い」「危険」と言われますが、ホテルでは「きつい」「切れる（社員）」「休憩なし」と一部の学生アルバイトは、言い放ちます。このことは、ホテル側の対応に非もあります。アルバイトに対しホテル側は「怒る」「切れる」「怒鳴る」の暴言？　昔の学生は我慢していましたが今は時代が違います…。怒鳴って働く時代は終わりました。

現場は戦場、今も昔も同じ指示、ドンデンの言動は不慣れな学生は耐えきれず辞めます。「人がいないから新人でもドンデンに組み込む」

業界に人が集まらなくなった原因を分析する時期に来ていると思います。「ホテル・レストランと配膳会とのサービス連携について」、元ホテルマンで現在、配膳会の経営者から貴重なご意見をいただきました。感謝！

◆時給がほかと比較しても低く集まりにくい

昨今、特にホテルのレストランや宴会は、ほかの産業に比較して時給の低さが問題点となっていることは否めません。

インターネットを通じても「ホテルの宴会サービスバイト」の経験者から、問題点を指摘されています。

お客さまは、ホテルの宴会やレストランでサービスをするスタッフは、社員と配膳人紹介所からの派遣スタッフと見分けがつきません。サービスの低下は、ホテル・レストラン側の責任でもあります。こうした実情をふまえてサービス体制の強化を図らなければなりません。

昨今のBMCは、宴会件数、婚礼組数など売り上げ情報が主になり、サービス向上、職場環境、そのための人材確保（バイト含む）の議論が欠如しています。BMCの力を結集し現場を直視し職場環境が学生に受け入れられているか検証する時期に来ていると思います。

業界発展のために「ホテルでアルバイトしたい」と思わせる環境を再構築することが欠かせないと思います。「すべてのバイトが将来の顧客、婚礼予備群」となり、ホテルで結婚式がしたいと言える職場作りが重要です。それには、ホテルの社員教育、中でもキャプテン教育が必要です。
◇学生アルバイトの皆さんからのインターネット上の貴重なコメント集です。
・ホテルなのに言葉遣いが悪い！　感情で怒る！　怒る部署が多い。例えば、会場、洗い場、調理場など。
・専門用語を使い、聞くと「オイ！　それも分からないのか！」と、怒る！
・備品の場所が分からない？　と聞くと「それも知らないのか!?」と、怒る！
・いきなりドンデン多忙時に入れられ、ついていけない！
・キャプテンから仕事の指示がない！　バイト同僚に任す。お前が教えろ！
・胸に名札を付けているのに、「オイとかキミ」です。名前をきちっと呼んでほしい。私の現役時代は、「…さん」づけで呼んでいました。
・アルバイトに仕事の責任を押し付け、キャプテンは会場にいない？
・パワハラ、セクハラも意外と多い！
・休憩の指示がない。残って当然の言い方？
・キャプテンによりやり方が違う？　誰に合わせればよいのか？　違うと怒られる？

・失敗も多く…しかしキャプテンから声掛け「大丈夫」「頑張ろう」うれしい。
・キャプテンから…「助かった」「ありがとう」「君がいたから何とかできた」認められることが一番うれしい。全員が口をそろえる。
・声を掛けてくれるキャプテンにどれだけ救われたか！「また頑張ろう」と思う！

◇結論：社員の温かい声掛けが大切です！　バイトが辞めるのも言葉なら、続くのも言葉です！　配膳会の人にも名前をきちっと呼んで差し上げることが礼儀です。ドンデンのとき「おい！　オードブルナイフが付いていないぞ！　取ってこい！」と、言葉が横柄で、おい！　呼ばわりはしないこと！

2. サービス業界での『クレーム』の意味について

われわれサービス業界では、お客さまからの苦情を『クレーム』と呼んで、このフレーズは広く定着しています。英語の〝Claim〟の本来の意味は「正当で権利を主張する」で苦情ではありません。

「苦情を言う」の正しい英語は〝Complain〟です。また、不平とか愚痴《ぐち》とも言います。われわれ業界での『クレーム』とは、サービスに対する苦情や改善要求、契約あるいは法律上の権利請求を指す外来語です。

ですから、英語の〝Claim〟とカタカナ英語の「クレーム」の意味は違います。

◇サービス業界の「クレーム処理」について

ＢＩＡ、ＨＲＳ、ＢＭＣの業界三団体でも「クレーム処理」は、大きなテーマで論議されています。ＢＭＣでも、全国ＢＭＣで取り上げられたことがあります。

ＢＩＡでは「ブライダルコーディネーター養成講座」が毎年開催され、その中のカリキュラムで「ブライダル現場のクレーム処理」は人気で非常に関心の高いテーマです。

私は40年のホテルマン生活で多くのクレーム処理に関与し、ＢＩＡ、ＢＭＣでも「クレーム処理」の担当を務めました。

現場のキャプテンやブライダルプランナーからは、どんな事例が発生したのか、その内容と、その解決策は、どう処理されたのか、スタッフの皆さんが一番知りたい部分です。私の現役時代の体験を顧みます。当日の婚礼がお開きになった夜や、翌日に、婚礼をされたお客さまからお電話があると「何かミスが！」と緊張の一瞬です。お客さまからどんなクレームを言われたか非常に気になります。

結婚式、披露宴のお世話を長年経験した者でも、当日は日々心新たに気を引き締めるのを常としてきました。披露宴がお開きになるとそれぞれの披露宴会場で担当キャプテンに「異常なし？」と聞いて巡回するのが日課でした。

本当に、何年も業務に携わっていてもクレームが発生すると「ご両家の大事なご慶事に申し訳ないことをした」という気持ちになります。部下から報告を受けると努めて平静を装いますが、心中穏やかではおられません。
次に私が体験したことやほかの施設などで発生した事例を参考に取り上げてみます。日々業務に励む皆さんのご参考にしていただければ幸いです。

「クレーム＝claim」英和辞典によると
「（当然の権利として）要求する、請求する」「（事実として）主張する」「～を求める。必要とする」です。
われわれ業界では『クレーム』とは『苦情』のことで、広く定着しています。
しかし、本来クレーム処理には、苦情を処理するだけではなくお客さまの求めるサービスを真摯に受けとめ対応するという意味も含まれています。

○国語辞典によると「苦情」は、ほかから受けた害悪や不都合な状態に対する不平、不満、泣きごと、愚痴を表します。「不都合」とは、都合の悪いこと。けしからぬこと。ふとどき（不行き届き、意・配慮などが行き届かない）など。

婚礼は確認の事項が非常に多です。これをきっちりしておくことが「クレーム」の事故防止になります。お客さまだけではなく、お取引先、パートナーへの発注手配も多岐にわたり同様です。

われわれのビジネスは「Confirmation　Business」（コンファーメイションビジネス）です。確認をし、再確認をすることが大事です。Confirmation ＝「〜の確認をする」「確認」「追認」

「では、今日、お打ち合わせをさせていただきました事項の確認を、もう一度再確認いたします」と必ず復唱をすることがお客さまと必要です。特に、芳名録や招待状の校正は、ホテル側とお客さま、複数でチェックしなければなりません。

「復唱」を、国語辞典で調べると「受けた命令や注意を確認するため、言われたことをもう一度口に出して言うこと」とあります。

「恐れ入りますが、もう一度確認させていただきます。何月、何日、何曜日、ツイン2室で、宿泊料金は一室1万8千円で、サービス料、消費税は別。4名様、チェックインは17時、お支払いはクレジットカードで。確かに承りました。ありがとうございます。宿泊予約の鈴木恵子と申します」と、曜日も必ず確認します。宿泊予約、ブライダル予約の担当者は必ずフルネームで名乗る習慣をつけてください。加藤、伊藤、鈴木などは同じ会社に複数います。

3．ブライダルのクレームはなぜ起こるのか⁉

クレームのほとんどは、単純な確認ミス＝チェックミスが原因で起こることが実に多いです。単純なチェックミスが、大きなトラブルに発展しクレーム処理に苦慮することになります。また、クレームで多いのが「慣れ」です。金銭的なトラブルになり「マケろ」「返金しろ」と要求されます。こうしたトラブルやクレームを未然に防ぐにはマニュアル作成が不可欠です。しかしマニュアル通りで解決できるものでもありません。起こったトラブルやクレームをいかに早く対処するかにかかっています。

婚礼には、実にさまざまな確認事項が多いです。『婚礼受書』のあらゆる事項の確認は多岐にわたります。慎重なチェックのもと予約業務を遂行しましょう！

対策は、過去に発生した事例をもとに原因を分析して、どういう対応をしたかを知っておくことも大切です。なぜトラブルが起きたのか、その理由すら分からないほどトラブルの教育がおろそかになっていませんか。再教育、再発防止策に努めるべきです。
このようにトラブルを未然に防ぐためにも「苦情処理のノウハウ」という防止策を日ごろから講じておくことが肝要です。次にその対策の要点を参考まで列記します。

◆苦情処理の対応　パートI

◇お客さまの気持ちや感情を第一に優先し感謝の念を持って対応する。

●お客さまに何か言うときには、最初に劇的な殺し文句を言いましょう。

「お客さま。ご指摘をいただきまして、誠にありがとうございます」

「わざわざお客さまからそのことをお伝えいただきまして誠にありがとうございます。お客さまのおかげで、この問題を私ども取り組むチャンスをいただきました」

「お客さまから温かいアドバイスをいただきありがとうございます。私どもはお客さまからのご指摘がなければ見過ごしておりました」

「ご要望いただきまして誠にありがとうございます。ちょうどお客さまにご説明するきっかけをいただきました」

●できるだけお客さまの名前で呼びかける。

●笑顔でお話をする。

●電話でお話をするときは、特に温かみと少し大きな声で話す。

●ご指摘を受けたとき「ほかに何かございませんか！」とお伺いすることを忘れない。

●ご指摘を受けたときは、必ずメモを取る。これは、お客さまのご意見を重大なものと受け止めていることをお客さまに分かってもらうため。

◆**苦情処理の対応　パートⅡ**

●お客さまの苦情は黙って最後まで聞く。充分言いたいことを言ってもらう。

●言い訳は、聞かれたら言う。

●接客態度は、真剣かつ誠意を持って聞く。

●そこから何が原因であったか、何を求めているか反応を直視する。そこから、お客さまの真意を素早く読み取る。
●ややこしいケースの場合は、複数のスタッフで対応する。
●感情的になってはならない。冷静な対応に心掛ける。
●臨機応変　速やかに対応する。
●結論を急がない。
●事実関係が分かったら結論を出す。常識的な解決策を示して納得してもらう。
●代表者は出さない。

◆ブライダルとは直接関係はないが警察当局からのアドバイス・特に暴力団応について

●問題を先送りしない。
●逃げの姿勢を取らない。

●当社の方針です。This is Hotel policy!
●当局（警察）のご指導をいただいている。
●暴力団と会うときは、必ず複数で対応する。
●サービスをするとき、誰にも平等に対応する。
●オーダーの確認。ミスをしないようにサービスの粗相に注意をする。
●「何かミスがありましたか？」と言わない。「何か不都合がございましたか？」と言う。

◆謝罪とは何か

謝罪は全面的に非を認めることではありません。われわれは、お客さまに「ご不快な思いをさせて・・・」◎このフレーズが一番ベターです。「申し訳ございません」△「すいません」×です。

註：国語辞典では「不快」は、いやな気分になること。「不都合」は、注意が足りないこと。都合が悪いこと。

◆警察よりの「三ない運動」のアドバイス

暴力団に金を出さない。暴力団を恐れない。暴力団を利用しない。

4．クレーム対策の基本の徹底について

(1) 事実を確認して、いち早く上司に報告し、いち早く対応しましょう。

(2) 文書でトップに報告。ホウ・レン・ソウ（報告・連絡・相談）が肝要。

(3) クレームは、会社として最優先事項として対応する。フォローは速ければ速いほど有効です。

(4) おわびは、先手必勝！　すぐ訪問する！　聞いて3割、行って7割。

(5) 責任追及より原因の分析
「誰がやったんだ！　バカ！」ではダメ。なぜおこったか？　どのような原因でおきたのか分析して、二度と過ちをしない対策を立てましょう。

(6) クレームの対応は、すべての業務を優先します。

(7) クレーム対応費は損金ではありません。

(8) お礼と謝罪が解決の近道。言い訳、反論はしない。誠心誠意の説明が要。

(9) 対応と対策は違う

対応は、怒りをしずめることをまずやること。

(10) 対策は、その後どう決着するか冷静に考えなくてはなりません。

(11) 未解決のお客さまには、中間報告の回数を増やしましょう。

記録に残して会社の財産、資産とします。担当部署のものとして共有し活用しましょう。

(12) トップは、最重要任務であると心得ましょう。

個人任せにしないで、会社全体で積極的に対応できるよう仕組み作りが重要です。

(13) クレーム対応の窓口は一本化すること。

(14) 課の所属長は、部下のクレームから逃げないこと。

5．婚礼クレーム集　その実例と解決策について

◆「**ビデオの撮影失敗**」

各事業所でビデオの撮り忘れが起きています。関西のホテルで発生した事例では両家で３００万円の要求。

☆裁判を引き合いに出し、両家で１５０万円の誠意で解決。

◆「**神主さんが私たちの名前を間違えた**」

神殿で新郎新婦の名前を読み間違えた。

☆２００万円の誠意で解決。同様のクレームで、別のホテルでは、70万円の残金を未払いで了承して解決となりました。

◆「**神聖な牧師さんが私の名前を間違えた!!**」

新婦の名前を呼び間違え、本人はもとより両親も愕然《がくぜん》!!　ホテルの信用失墜！

近くのお宮さんであらためて式を挙げた。
☆挙式料・衣装代・旅費・タクシー代・食事代などすべての費用はホテル負担で解決。

◆「**キャンドルサービスの灯が点《つ》かない**」

キャンドルサービスで友人のいたずらでキャンドルに灯が点かない！「お祝いのことで火が消えるとは縁起が悪い！」と新郎父がご立腹。ホテル側が全面的に悪いわけではないが・・・。
☆25万円の誠意で解決。

◆「**キャンドルサービスによる引火事故**」

キャンドルサービス中、新郎友人のテーブル席で友達がクラッカー・スプレーなどを新郎新婦に吹きかけ引火事故を起こしました。顔にやけどを負い、新郎新婦の衣装がすべてダメになりました。
☆ホテルの管理責任（保険会社に確認）とＰＬ法にあるように、ホテル側にも十分責任があると思われるのでクラッカー・スプレーなどの危険物を持ち込ませないことが肝要です。
☆結論として衣装の弁償金を無料とすることにより示談。衣装は保険請求。友人には当然おわびをしてもらう。お客さまはホテルの管理責任を言ってきました。

◆「神官が商売道具の笏を忘れた」

「笏」とは、シャクと読み、櫟製《いちい》を用いています。束帯のとき、神主が右手に持つ薄い板で長さが一尺あることから「尺」の音を借りたようです。初めはメモなどを書き付けるためのものでしたが、後世は威厳を唱えるための儀式用のものとなりました。
☆挙式直前に神主が笏を持ってくるのを忘れましたが、「予備はありませんか」と大慌て！　持ちあわせていなかったため、段ボールで対応。そのことが新郎父の耳に入りクレームに。
☆宮司さんと一緒に手土産を持っておわびに参上することで解決。

◆**「招待状作成で媒酌人の名前が欠落していた」**

招待状の作成で媒酌人ナシのサンプルを見て注文。校正もしていただいたが、媒酌人より「ホテルの指導が悪い」と指摘をされた。現在ではほとんど媒酌人ナシが大半ですが、ときどきはありますので留意しましょう。

☆40数軒のお宅を1カ月にわたりおわびにまわった。

◆**「ケーキカットのケーキがない」**

ケーキ入刀のとき、カセットの生クリームのケーキがありませんでした。新郎新婦は目を白黒！　キャプテンがナプキンでバラを折り、そのバラに入刀。婚礼がドンデンで超多忙のため用意することを忘れたようです。

☆お客さまにはビデオでもそのことは分からないので良かった。新郎新婦だけが知っていたが、おわびだけで済んだ。

◆**「記念写真に幽霊～・・・」**

写真室ライトの球切れがあって記念写真に幽霊のような影があるとクレーム。

調べたら6カ所中1カ所に球切れがあったのが原因。
☆アルバム代を無料にし、お2人の焼増し写真5部も無料で決着する。

◆「**社長さんの祝電がない！**」
挙式数日前から届いていた祝電を渡し忘れがクレームに。新郎の会社の社長さんからの祝電でかなりご立腹に。
☆新郎に謝罪をして解決。

◆「**ホテル手配の司会者が祝電の披露忘れ**」
新郎家より、「祝電をいただいた方に申し訳なく費用を半分しか払わない」と言われました。司会料は、祝電披露を忘れたのでナシ。若干の値引きとわび状（祝電関係者と出席者）を出すことで交渉するも納得されず、弁護士に相談。
☆結果として6万円の値引きとなった。

◆「**司会者による肩書の紹介が間違っていた**」

司会者が新郎の上司に肩書を間違えて紹介し、スピーチ後にすぐ訂正しましたがクレームに。
☆司会料をサービスしたうえ謝罪して解決する。

◆**「司会者が30分前になっても現れない」**
婚礼予約担当者から司会者が30分前になって披露宴会に来ていない。司会者に連絡を取ったところ時間間違いで間に合いません。

13時披露宴スタートが、15時と勘違いをしていたのが原因。新郎新婦に了解を得て、ピンチヒッターの司会でしのぎました。
☆司会料のサービスとお2人にお食事券と洋菓子をお渡しして対応。司会者には6カ月の取引停止処分に。

◆**「主賓のごあいさつ中に司会者の携帯電話が鳴る」**
ホテル手配の司会者の携帯電話が、主賓のごあいさつ中に鳴って披露宴会場の皆さま驚きました。

☆披露宴のお開き後、関係者に謝罪。6カ月の出入り禁止のペナルティーを。

◆**「フリードリンクのいつわり」**

フリードリンクなのに飲み物が少ないと新郎ご両親よりご指摘。打ち合わせのとき、シャンパンで乾杯のはずが、当日ビールに替えられてしまいました。

☆700円の割引とわび状送付、並びに宿泊券と食事券をもって誠意を表明。

◆**「披露宴でお酒が足りずたいへん恥をかいた。費用の半額しか払えない」**

特にお酒が足りなかった状況ではなかったと判断して要求には応じませんでした。

☆弁護士からの内容証明を発送後に無事入金。料理やサービスのクレームや落ち度は評価の相違で主観が入るものです。ただし、披露宴でのご両家の親族席は特にお酒のサービスには充分留意して対応をすることを心掛けてほしいです。

◆**「指名した美容師さんが当日病気でダウン！」**

われわれ披露宴に携わるスタッフは、当日、お客さまにご迷惑をかけないよう健康管理には十分留意すべきです。

☆おわびと手土産で対応し、後日あらためて写真撮影をフリーとして誠意を表明。

◆「披露宴でのブッカケ料が１００万円!?」

披露宴出席者の晴れ着にソースをブッカケ！「１００万円相当の新品を購入してくれ！」と要求。

☆シミ抜き専門の業者にシミ抜きをしてもらい、ほぼ現状に戻すも納得されず。弁護士に仲介を依頼し若干のおわび料10万円にて解決。「法的根拠としていつ買ったか、１００万円に対する法的領収書を示せ」と迫ったのが決め手となりました。あまりにも法外な要求の場合は弁護士に相談をすることが肝要です。

◆「挙式中のスナップ写真（ホテルに依頼された）の失敗！」

挙式中のスナップ写真をカメラの不具合で撮影するもまったく撮れていませんでした。
☆幸いにもビデオ撮影していたので画面をプリント化して、ほかの記念写真を多く焼増しサービスして解決。

◆**「披露宴の最中、新郎新婦の近距離にシャンデリアの一部が落下！」**
披露宴の最中、新郎新婦の座っている高砂席に7・6メートルの天井からシャンデリアの一部である大きなガラスのパイプが落ちてきた。大きな音がして全員ビックリ！　もちろん当日は皆さまにおわび申し上げました。
☆翌日、ご両家、媒酌人宅に陳謝のためお伺いするも、それだけでは解決せず、後日、100万円をお渡しして決着。

◆**「乾杯のシャンパンが泡を吹きお客さまにご迷惑をかける」**
披露宴でウエディングケーキ入刀と同時にシャンパンを抜き乾杯に入りました。そのシャンパンの2本が冷えていなく栓を抜くと激しく泡を吹いてテーブルや若干のお客さまにかかってしまいました。
☆汚れたテーブルやお客さまへの対応と、その関係者におわびを申し上げました。シャンパン、ビール、白ワインなどはよく冷やして供するのが鉄則です。冷えてなかったシャンパンのチェックがなされていなかったのが原因。披露宴がお開きのとき、新郎新婦、ご両家のご両親におわびを申し上げてお許しをいただいた。

◆「披露宴の高砂席で媒酌人が仮設舞台からイスごと転落し、ふくらはぎを裂傷」

舞台の角に金具が装着されていて、その金具に強くふくらはぎを強打し皮膚の表面が裂け、その手当のため救急車で病院に搬送する。何針か縫う大けがで処置の後、ホテルの席に戻る。
☆媒酌人のお宅に金3万円のお見舞金と洋菓子を手土産でおわびに伺いました。媒酌人は信用金庫支店長ご夫妻様。ご両家にその旨、報告をして決着。

◆「挙式前日、新婦がホテル専属の美容室で美顔のケアをしてもらう」

美容師が「今晩、顔にニンニクで軽くパックしたらスベスベできれいになりますよ」と軽い気持ちで申し上げたことが問題になりました。

その夜、新婦はニンニクのすったのをたくさん顔にベタベタとパックして就寝。ところが、朝になると刺激が強すぎたのかほおからあごにかけて真っ赤に腫れ上がってしまいました。当日の披露宴は、ガーゼで両面の顔全体にシップして披露宴に。

「原因は、ホテル側が無責任なことを教えたからだ。問題は、あとが残ったらどうしてくれる！」と新婦ご両親が激怒してしまいました。「新婚旅行からお帰りになったら相談しましょう」とホテル側は申し上げました。
☆美容室の支配人が「東京医科大学の皮膚科の権威ある先生を知っている」ので診てもらうよう提案がありました。新婦さんが帰国されたので東京へすぐ診察にお連れしました。ドクターは「今、ちょっと残っていますが時間とともになくなりキレイになります」と、お墨付きをもらった。その言葉でご両親も納得されて一件落着。
お嬢様を東京の権威ある先生のもとに、わざわざ遠路にもかかわらずお連れしたのが功を奏し、診察代と新幹線費用だけで済みました。

◆「披露宴が同一会場で一回戦と二回戦が行なわれ、引き出物を後先間違えて付けてしまって大問題」

一回戦の披露宴がお開きになってから新郎側がタクシーで帰られました。引き出物を開いたら関係のない両名の名前で間違っていると言ってクレーム。

原因は、後口の引き出物を全部間違えて渡してしまったことにありました。

二回戦は、引き出物は一回戦のお客さまに渡してしまい何もない。新郎のお父様に理由を話し「皆さまのもとにおわび状を付けてお届けします」と申し上げる。

「人の手に渡った引き出物はダメ」と駄目押しをされました。

☆お開きが迫ってきたので「ホテルのブランデーケーキ」を40個お渡しした。

宴会課長がお開きのとき皆さまに「本日、ホテルの手違いでお引き出物をお渡しできません。後日、正式のお引き出物をお届けします」と理由を言っておわびを申し上げた。御品は桐の箱に入った「花瓶」。5日後に百貨店からホテルに40個を納品していただいた。

新郎のお父様に「御品が整いました」と言うと「おわび状を持って一軒一軒まわるよう」にと言われた。総支配人と担当部長はその通り来客のところにまわった一方、新婦のお父様は会社の経営者だった。「誰でも間違いはあるので、しっかり始末してくれれば結構だ」とのお言葉をいただきました。新郎のお父様に「すべて無事、後始末が終わりました」と報告。お父様に「お料理と会場の接客サービスはいかがでしたか」と伺ったら「お料理はおいしかった。会場の接客もよかった」とおっしゃった。

誠心誠意お世話をさせていただきましたけれど「こんな大きな失敗をしでかして誠に申し訳ございません」と、お引き出物1個1万円の40名分計40万円を当然ホテルで負担させていただきます。また、披露宴の総費用200万円のサービス料20万円は結構です」と申し上げて納得し、200万円お支払いしていただいた。

ホテル側は、引き出物40万円と総費用200万円のサービスビス料20万円をサービスし、ブランデーケーキ2千円の40個で8万円も同用負担となり、都合総計68万円がホテルの損金となりました。

ホテル側の失敗の原因は、二組とも引き出物が同数の40個と一緒であったこと。名披露の「のし紙」の名前が同じような名前もミスの原因でした。

いずれにしても担当キャプンの細心な注意力が足りなかったことは否めない事実です。

6．婚礼でクレームが発生した場合の損害賠償保険について

お客さまとの間にクレームが生じた場合の損害賠償責任を補償するプランがＢＩＡでは制定されているので活用していただきたいと思います。

◆「プロテクトプラン」賠償責任保険

この制度は、サービスの失念、相違によりクレームが発生した場合、お客さまの精神的苦痛に対する法律上の損害賠償責任を補償するプラン。

例えば、ビデオが、集合写真が撮れていなかった。間違った引き出物をお渡ししてしまった。この制度はお客さまとクレームが発生したときにお客さまの賠償責任を補償する画期的なプランです。

◆「キャンセルプラン」費用利益保険

この制度はお客さまに請求したキャンセル料を回収できない場合を補填することれまでにない企業防衛プランです。

例えば、突然のキャンセルとして、破談！　申込人の不幸！　申込人の会社の倒産！　などが挙げられます。

ＢＩＡの「結婚式・披露宴場における共通約款」第７条の規定に基づき、未回収のキャンセル料の90％を限度として保険金が支払われます。

◆結婚式場・披露宴会場における共通約款

ＢＩＡでは、マニュアルとしての「運用細則」を策定しました。なお、この約款はトラブルを未然に防ぐための必要最低のルールであり、各会場の任意に任せるべきものです。

◆**「消費者保護基本法」1968年に制定**

「消費者の四つの権利」がうたいこまれ、全国に国民生活センターや消費生活センターなどが続々と開設された消費者保護に機運が高まりました。

「四つの権利」とは、「安全を求める権利」「知らされる権利」「選ぶ権利」「意見を聞いてもらう権利」。

クレーム処理については「消費者の四つの権利」が打ち出された1962年をクレーム元年ととらえても良いでしょう。

◆**「製造物責任法」PL法**

1995年7月に施行されました。ユーザーはちょっとした製品の故障に対しても、PL法ではないか？　欠陥商品ではないか？　という声が高まってきた。これによってクレームも増えてきました。

これらの賠償保険制度などをよく理解して活用することも大事なことです。

第五章
楽しや！　ホテルマン人生の醍醐味

1. 名古屋国際女子マラソン初優勝の高橋尚子選手との出会い

私と高橋尚子選手の初めての出会いは、1998（平成18）年3月8日の「名古屋国際女子マラソン」のときです。私は近畿日本鉄道株式会社直営の「名古屋都ホテル」の支配人として選手村で高橋尚子さんをはじめ内外のマラソン選手の皆さんのお世話をしていました。

「名古屋国際女子マラソン」スタートのときはホテルのテレビで観ていました。30キロを過ぎてから高橋選手は猛烈なスパートを開始！ ついに1位でゴールイン！ アナウンサーは、「高橋尚子選手が2時間25分48秒日本最高（当時）記録をマークしてマラソン初優勝を果たしました」と絶叫！ 驚きました。高橋選手はマラソン二走目で初優勝、しかも無名の選手でした。

ホテルの選手村から優勝者が出たことで、早速、ホテル玄関で優勝の歓迎グリーティングの準備に取りかかりました。お祝いの大きな花束を用意してフロントには大勢の社員を駆り出しての歓迎準備に大わらわです。

いよいよ、名伯楽・小出義男監督の先導で、初優勝の高橋尚子選手がホテルに凱旋帰還！　私は、大きな華やかな花束を、満面笑みの高橋選手に手渡しました。一階ロビーは、お客さまや社員総出で、勝利の歓声があがり私は胸に迫るものがありました。


その夜のレセプションは、大宴会場「紫雲の間」で高橋選手の優勝祝賀会となりました。高橋尚子選手は大勢の皆さんから歓迎攻めにも終始、素敵な笑顔で対応されたことが印象的でした。私は、積水化学工業の大久保尚武取締役社長様に「２０００年名古屋国際女子マラソン」優勝、並びに「シドニーオリンピック出場決定」にお祝いのお手紙を差し上げました。直ちに女子陸上競技部監督の小出義雄様と連名でご丁寧なお礼の書状を賜りました。今でもそのお手紙は手元に納めさせていただいています。本当にありがとうございました。

高橋尚子さんからは、温かい心を込めた年賀状やアメリカ・コロラド州ボルダーで高地トレーニングの合宿中のエアメールの絵葉書、新聞の切り抜きなども大事に取ってあります。

【追記】今日まで疎遠に打ち過ぎましてお許しください。本書の誌上であらためておわび申し上げます。

2. 名古屋国際女子マラソン初優勝の高橋尚子選手のホスピタリティー感動秘話

巻頭の写真集のスナップ写真は、高橋尚子選手が１９９９年12月27日、名古屋駅前の「名古屋都ホテル」に私を表敬訪問されたときの劇的な秘蔵写真です。（右は全国ＢＭＣ鈴木尚太郎第６代会長さん、左は筆者です）。

「名古屋都ホテル」は、２０００年３月31日で37年間の歴史に幕を閉じました。そのことを高橋尚子さんがメディアで知り、その前年、暮れも押し詰まった忘れもしない１９９９年12月27日、私を表敬訪問されたことの意外さに驚きました。

「ホテルでたいへんお世話になりおかげさまで初優勝できました。そのお礼に立ち寄りました」とおっしゃいました。この瞬間グッと胸に迫るものがありました。

岐阜のご実家から東京に帰る慌ただしい年の瀬です。寸暇を惜しんでわざわざ名古屋で途中下車をしてホテルにお見えになったわけです。

「いまどき、めずらしい！　何て律儀で、礼儀正しいお嬢さん！」と感激しました。

詳しくお話ししますと、ちょうどそのときは、私が全国ＢＭＣ（全国宴会支配人協議会）会長（第５代）を６年間務め退任することになり、名古屋ＢＭＣ主催の送別パーティーに出かける寸前でした。わずかなところ再会でき幸いでした。

フロントで「松田支配人さん！　いらっしゃいませんか？」と高橋尚子さんが尋ねておられるのを、畏敬の念を抱く全国ＢＭＣ第６代・鈴木尚太郎会長と赤井武彦事務局長が聞いて、「松田会長！　高橋尚子選手ですよ！」と２人が私に呼びかけ驚きました。まさしく高橋尚子さんの「お・も・て・な・し」の心が、私の胸を打った劇的瞬間こそ〝ホスピタリティーの神髄〟に迫るものです。

長いホテルマン生活を通じてホスピタリティーは、私にとりまして永遠のテーマであります。高橋尚子さんは、この上もなく〝感動のプレゼント〟をくださいました。ありがとうございました。

われわれホテルマンは、お客さまのおもてなしをするのが使命です。このようにお客さまの高橋さんから心を込めたおもてなしを受けるとは思いもよらないことでした。高橋尚子さんの「おもてなし」は、〝心意気〟を感じさせます。

私は職業柄、全国各地に出張する機会が多くあります。講演もよく依頼されます。そうした講演では「おもてなし」とか「ホスピタリティー」に関するお話が中心になります。高橋尚子さんの「おもてなしの心」を披露すると称賛の拍手は枚挙にいとまがありません。まさしくホスピタリティーそのものです。

『2020年東京五輪』開催が、ブエノスアイレス（アルゼンチン）のIOC総会で決定しました。滝川クリステルさんの日本の「お・も・て・な・し」のプレゼンテーションが脚光を浴び世界に発信されたことは日本にとって誠に喜ばしいことです。この「おもてなし」が世界に発信される前から高橋尚子さんは、「おもてなし」をすでに体得されていました。

3. 高橋尚子選手のシドニー五輪女子マラソン金メダルを獲得！

このビッグニュースには、日本中が沸き返りました。日本陸上64年ぶりで戦後初の快挙であるとともに、日本女子陸上界においては史上初の快挙です。シドニー五輪閉会式では日本選手団の旗手を務めました。タイムは2時間23分14秒で16年ぶりに更新する五輪最高記録でした。これらの功績により同年10月30日国民栄誉賞を授与されました。

シドニー五輪女子マラソンの中継は日本時間、早朝6時45分スタート。私は、ワクワク、ドキドキしながらテレビの前にくぎづけでした。予想もしなかった金メダルでゴールインの瞬間は感激一入《ひとしお》言葉になりません、終生忘れることのできない感動シーンでした。

日曜日の朝、テレビ最高視聴率は59・5％、6千万人の日本人が一気にQちゃんファンになった瞬間です。報道陣のインタビューに「早くおいしいものを食べたい。おすしとパスタ」とほほ笑ましいコメント！　翌日の新聞は今でも私の手元にあります。

混迷する政治、経済や社会不安の日本人に勇気と感動を与えた高橋尚子選手に大きな称賛の声が寄せられたことは、いまだに記憶に新しいところです。こうした功績を評価され「国民栄誉賞」を受賞されました。さわやかな笑顔と親しみやすさ、前向きな生き方から「Qちゃん」の愛称で全国民に親しまれている日本のトップアスリートです。私の誇りでもあります。現在は、スポーツキャスターとして若い人に夢を与える人材育成に活躍中です。

２００１年のベルリンマラソンでは2時間19分46秒をマークし、当時の世界記録を更新。現在は日本オリンピック委員会理事、日本陸上競技連盟理事、マラソン解説者、大阪学院大学特任教授などに就任されています。

「ぎふ清流ハーフマラソン」では1万3千人と快走しました。以下、中日新聞の抜粋記事です。

第6回高橋尚子杯ぎふ清流ハーフマラソン（中日新聞社などの実行委員会主催）が15日、岐阜市の岐阜メモリアルセンターを発着点に開かれた。ハーフと3キロで計1万3110人が、初夏の街を駆け抜けた（中略）。シドニー五輪女子マラソン金メダリストの高橋尚子さん（岐阜市出身）が大会長を務め、大会ゲストでアテネ五輪金メダリストの野口みずきさんとともに、ゴール付近でランナーを出迎えた。2900人のボランティアが大会の運営を支え、熊本地震の被災者を支援するためのチャリティーオークションもあった。大会は2015年から、国際陸上競技連盟により、ロードレースで上から2番目の「シルバー」に格付けされている（中日新聞2016年5月16日朝刊・掲載）。

岐阜市で5月15日行なわれた「第6回高橋尚子杯ぎふ清流ハーフマラソン」（中日新聞などの実行委員会主催）の大会長、高橋尚子さんが16日、岐阜市柳ケ瀬通の中日新聞岐阜支社を訪れ、熊本地震支援のチャリティーオークションで集まった全額の42万5千円を寄託した。中日新聞社会事業団を通じて、熊本地震の被災地に送られる。

目録を竹花孝則支社長に手渡した高橋さんは「熊本への思いは選手も市民も一緒。できることは一歩ずつですが、多くの人の気持ちがこもったお金をいかしてほしいです」と語った。

高橋さんやゲストの野口みずきさん、出場した福士加代子選手をはじめ、賛同した水泳の入江雅史選手ら各界の有名選手から、サイン入りシューズやウエアなど計50点が出品された（中日新聞２０１６年5月17日朝刊・掲載）。

4．コマネチ選手
モントリオール五輪金メダル獲得について

ルーマニア体操選手で1961年11月12日生まれ。14歳で参加した1976年に行なわれたモントリオール五輪で3個の金メダルを獲得。体操選手としてオリンピックの舞台で初めて10点満点を獲得した。1980年モスクワ五輪でも2個の金メダルを獲得。純白のレオタードが似合う可憐な容姿や見事な技が観衆を魅了したのがナディア・コマネチさんです。「白い妖精」と言われていました。翌年15歳のときに日本で行なわれた中日カップでも跳馬と段違い平行棒で10点満点を出し観客を魅了しました。

「名古屋都ホテル」にナディア・コマネチさんはじめルーマニアの皆さんが選手村として宿泊されました。お誕生日ということで、プライベート・ルームでルーマニアの選手の皆さんとお食事のときホテルからバースデーケーキをプレゼントしました。

コマネチさんと再会したのは、１９９９（平成11）年12月に開催した「中日カップ国際体操競技大会」のときです。23年ぶりのことです。「あのときはちょうど私の誕生日で大きなケーキをもらったわ♥♥・・・」と明るい笑顔でコメント！　中日カップ前日の中日新聞・朝刊にナディア・コマネチさんの特集記事が掲載されました。その新聞とコマネチさんから私宛のサインは、今でも手元に大事に保管してあります。

現在、コマネチさんは、出身国のルーマニアを離れ、アメリカ・オクラホマ州で後進の指導に当たっておられます。

5. わが母校・名古屋市立桜台高校のファッションショー

わが母校の男子ハンドボールは、高校総体で5連覇の偉業を達成しました。女子はファッション文化科が本年6月18日（土）『第66回ファッションショー』を開催。今回のショーで何と66回目です。全国トップレベルの専門学科として教育水準を誇り各方面から注目されています。

歴史と伝統に培った感性で華やかなファッションショーは立錐の余地もなく1200名の観客を魅了しました。すごいです！

「このファッションショーは、テーマの決定から舞台設営、演出、運営まですべてファッション文化科の生徒全員が協力して作り上げた」と山本俊一校長先生は、冒頭のごあいさつで述べられました。「今年のテーマはMille（ミル）です。フランス語では「千」を表します。フランス発祥のお菓子、mile-feuile ミルフィユは、千枚の葉を表現しています。ショーは、千枚の葉のように一人一人違った景色を表現している」ともおっしゃいました。私は長年ホテルに勤めましたのでフランスの歴史的に偉大なお菓子「ミルフィユ」は知っています。うれしかったです。

私は皆さんとご一緒で2時間近いショーにくぎづけでした。作品も秀逸でステージのプレゼンテーションも、しなやかで素晴らしく感動的な場面いっぱいでした！ファッション文化科の皆さんにあらためて称賛の拍手を送ります。ファンタスティック！　トレビアン！　卒業生の一員としてこの上もなくうれしく誇りに思います。


母校には、先生方の忘年会や歓送迎会と同窓会の周年記念、学年ごとの同窓会、体育館新築披露パーティー、結婚披露宴などなど随分お世話になり枚挙にいとめがありません。学校関係はビジネスチャンスの宝庫です。皆さんも積極的にコミュニケーションをとりアプローチをかけてください。

「人の集まるところに情報あり」敬服する愛知大学同窓の佐原吾市社長の名言です。万障繰り合わせていろいろな会に出て情報を得て人脈を広げてください。ビジネスチャンスはいっぱいあります。

6．宴会と調理は「表裏一体」

私のホテルマンのスタートは「ホテルオークラ」の宴会です。宴会場の「平安の間」は、あまりにも広大過ぎて驚きました。「平安の間」は1500㎡、坪数に換算すると454坪です。立食は約3000名、着席ディナーは1200名が可能です。

ＩＭＦ（国際通貨基金）の総会、世界銀行の年次総会では、日本で初めての無線同時通訳装置が使われました。高度成長期でホテルの婚礼や宴会が目白押しの良き時代でした。社長、会長就任披露パーティーでは、アイスカービング（氷細工）が燦然《さんぜん》と輝き華麗な宴は特に印象に残っています。

「平安の間」は、このように大きな宴会が続きます。社長の就任披露パーティーでは「カクテルビュッフェ」が導入されました。冷たい料理は冷たく、温かい料理は温かくが料理の基本です。

ホテルオークラの初代料理長は、調理部長の長峰六郎氏（帝国ホテル出身）。

小野ムッシュは、当時、宴会料理を統括する責任者で調理部次長でした。この

「ビュッフェ」で、小野ムッシュは、特に、温かい料理は、温かくお客さまに供することを考案。これは、プラッターを火で温め続ける方法です。この方法は日本のホテルに伝播され今日では当たり前の手法になっています。

宴会を統括する橋本課長と小野ムッシュは、お客さまにご満足いただける料理とサービスの提供で、日々実によく協議をしていました。私は、この協調性こそ〝サービスと調理〟は、表裏一体〟であると認識しました。

私はこの精神を常に念頭にして宴会人生を邁進し続けました。「料理の皆さんと宴会・レストランのサービススタッフとの緊密な連携、心の通った二人三脚がお客さまを満足させる要諦にほかならない」と思います。

開業当初に苦労したことですが、スタンバイに機動力を発揮するキャスター類がまだなかった時代です。椅子をスタックして運ぶキャスターやテーブルを運ぶ台車もなくたいへんでした。「平安の間」の前室にある大きなソファセットを移動するときは一人ではとても運べません。

ドンデンも毎日続き、部屋の模様替えは、すべて手作業でスタンバイは深夜に及ぶことがよくありました。宴会のスタンバイは、体力と気力の勝負でした。本当に「平安の間」の準備に、体力、気力を養うことができました。

橋本宴会課長と小野ムッシュの話に戻ります。両先輩とも、眼光鋭く、怖い存在でしたがわれわれは怖くたって毎日顔を合わせます。そんなこと言っておられません。私は、あえて積極的に接することを心掛けました。両先輩とも、厳しさと優しさの二面性を持った巨匠で私は大好きでした。

小野ムッシュは、毎日垣間見ますと、ストーブ前で一心不乱に鍋を振る集中力のすごさに驚嘆したものです！

小野ムッシュがお手すきのときを見計らっておそるおそるごあいさつをしたのが始まりでした。本当に不愛想で怖いです。しかし、こちらは料理の勉強に必死でした。知りたいことがいっぱいです。怒られても動じず接し続けました。超お忙しい大将です。質問は手短にしました。

ブッフェパーティーでは、「平安の間」の料理テーブルによく立たれました。背高い白いコック帽が決まっています。立ち居振る舞いは、凛《りん》として華がありました。

「ホテルオークラ」の華のある「カクテルビュッフェ」は、日本中のホテル宴会場を席巻しました。この時代から秀麗な氷細工（アイスカービング）も登場し華やかなカクテルビュッフェを引き立てました。氷の芸術です。料理人でも絵画のセンスがなければ彫ることができません。

私と東京ＹＭＣＡ国際ホテル学校の同期の４代目総料理長を務めた根岸則雄氏は小野ムッシュの愛弟子です。立派に重責を果たしうれしく思っています。研修も私と同じ「ホテルニュージャパン」でした。

小野正吉《まさきち》二代目総料理長は１９９７（平成９）年３月６日逝去されました。享年79歳でした。

葬儀は、ＮＨＫ愛宕山の近くの寺院でしめやかな中にも盛大に執り行なわれました。私は名古屋から上京しお別れのご焼香をさせていただきました。全国から料理人の皆さんも大勢参集され寺院の周囲を長い会葬者の列ができ目を見張りました。合掌。

7. 私の「思い出ノート」の活用について

私の「思い出ノート」には印象深いものは長年にわたり記録してあります。手帳は10年単位でまとめて保管し、時々読み返しています。名前の記憶再確認になります。住所録も詳細に記録して活用しています。どこでいつ、何があったか、誕生日、結婚記念日、奥様の名前、出身校、趣味、電話番号、携帯電話番号、Ｅメールなどなど。これらノートや手帳、住所録は、永年にわたり愛着があってボロボロになっても、なかなか手放せません。

スナップ写真は、業種別に分けてアルバムに納めています。例えば、われわれサービス業界の写真は、全国ＢＭＣ、ＨＲＳ、ＢＩＡごとに分けてあります。

写真は、何年何月何日、会の目的、趣旨など書き留めておきます。

私が新聞に掲載された記事や、思い出深い事柄はメモをとり、切り抜いて大学ノートに貼ってあります。いただいたここ一番の手紙は大事に残してあります。

記憶は忘れがちです。ホテルマンの皆さんも記録として保管する習慣を続けられることを望みます。そこにビジネスチャンスの宝庫があるからです。

8. 私とミスタープロ野球・長嶋茂雄さんとの思い出

１９９４年（平成５）年10月８日　巨人対中日戦。優勝をかけたセントラル・リーグの最終戦がナゴヤ球場で行なわれました。

日本プロ野球史上初めて両チームがともに１２９試合を消化して、ともに69勝60敗。勝ち星も勝率も並んだ首位チーム同士が最終戦の直接対決で雌雄を決する「優勝決定戦」となりました。巨人がセ・リーグ優勝を果たし、国民的行事となりました。視聴率が48・８％はいまも破られないプロ野球史上最高視聴率を記録し日本中が沸き返りました。

決戦３時間前、名古屋駅前の「名古屋都ホテル」の巨人軍宿舎の食堂では・・・。長嶋監督は「俺《おれ》たちは、勝つ！　勝つ！　勝つ！」とミーティングでめずらしく大声で檄《げき》を飛ばしていました。巨人は長嶋茂雄監督。中日は高木守道監督。巨人が６対３で中日に勝って優勝。巨人は槙原、斉藤、桑田各投手の必勝リレー。中日は、今中投手。落合15号、松井20号など。

「勝負どころではデータやセオリーはあまり関係ない。それを超えた強い意志や、うまくいったときのイメージを頭の中に描くことが大事」だと力説した長嶋監督。長嶋さんの〝強い意志〟は、私の好きな言葉です。

国民栄誉賞を授与した長嶋茂雄さんと松井秀喜さんは「野球人生の中でもあの日は、とてつもないビックゲームだった」（長嶋）、「もう2度とあんな試合はないと思う」（松井）と語った試合でもありました。

私は現役ホテルマン時代に『読売巨人軍』のお世話を13年にわたりさせていただきました。ナゴヤ球場で試合のあるジャイアンツの選手宿舎は「名古屋都ホテル」が指定の選手村でした。前述の劇的な『10・8ナゴヤ決戦』は、ジャイアンツが優勝！「名古屋都ホテル」では優勝祝賀会、記者会見などの準備に、私は、陣頭指揮で大わらわとなりました。ホテルの屋上での優勝祝賀会の〝ビールかけ〟は、生中継の全国放送でした。報道陣、選手やその関係者で大勢の皆さんが集い盛会でした。パーティーが終わる直前には、客室からバスタオル、フェースタオルや浴衣を用意して選手の皆さんに使っていただき喜ばれました。

私は、何か事が起こってはと心配で〝ビールかけ〟にビニールの合羽を着て立ち会う。何せ3千本のビールです！　大量のビールの泡が放水も屋上の排水溝からスムーズに流れて何の事故もなく無事終了しホッとしました。ホテル側は、大勢の集客があるときは、常に危機管理体制のチェックを怠らないよう周到な準備に心掛けました。

レギュラーシーズンでは、名古屋で巨人戦が開催される時は3連戦です。

ホテルには前泊、後泊の都合5日間の滞在です。一般レストランではファンが集まるので、選手の食事は中宴会場を貸し切って使用しました。料理は家庭料理を主体にしました。いわゆる〝おふくろの味〟です。デザートには和菓子を加え、ときには、〝おはぎ〟も用意します。おふくろの味は好評でした。しかし、スポーツの選手です。肉料理は欠かせませんので十分用意します。

メニューは、毎日、品を替えて選手の皆さんに喜んでいただけるよう和食調理人は苦心して選手の皆さんにご要望を伺ったりして調理していました。

ジャイアンツのキャンプ地・宮崎の調理人さんが名古屋まで見学に見えたこともあります。双方の調理の皆さんとの意見交換もさせていただきました。

お食事の後、いつも長嶋さん、王さんはじめ選手の皆さんは『ごちそうさま！おいしかった』と礼儀正しくコメントされました。ジャイアンツは、あいさつでもセ・パナンバーワンです。

選手は、ホテルから貸し切りバスでナゴヤ球場に向かいます。試合はナイターですからホテルを午後3時過ぎに出発します。その時間にはファンの皆さんが大勢集まります。ホテル玄関では、ほかのお客さまに迷惑がかからないようやむを得ずロープを張ります。

私どもホテルでは危機管理体制を重視します。所管の警察署から警備に来ていただいて本当に心強く助かりました。選手の宿泊は、あるフロアを貸し切って使用しました。エレベーター前には特設フロントを設置して、選手の皆さんの安全・安心の確保に努めました。

13年間、何の事故もなく選手の皆さんのお世話ができたことは、つくづく良かったと思っています。

再び、優勝祝賀会にともなう話に戻ります。大宴会場を使っての記者会見も大勢のマスコミの皆さんが参集し執り行なわれました。夜食の準備もありました。

各中小宴会では、NHK並びに民間放送局、個別のブースのスタンバイで、てんてこ舞いでした。すべての祝賀行事が終わったのはミッドナイトをかなり過ぎていました。

長年ジャイアンツのお世話をして『10・8のナゴヤ最終決戦』でジャイアンツが劇的な優勝！　われわれホテル側も選手の皆さまともども興奮と感動を共有させていただきこの上もなくうれしく思い、私の誇りでもあります。

「名古屋都ホテル」は親会社が近畿日本鉄道です。読売巨人軍は親会社が読売新聞社です。それぞれ東西の雄である佐伯オーナーと正力オーナーは懇意の間柄と伺っています。セ・パ両リーグの繁栄にご尽力をされ感謝申し上げます。

9. 私の『第四回目の成人式』について

私は、ホテルマン生活40年、現役を卒業して15年が経過しました。昨年11月30日『第四回目の成人式』を発起人の皆さんのご厚意で迎えることができました。お世話になりました発起人の皆さんの御芳名は、ご案内状の写しに記載してあります。全国から250名の皆さんが「ウェスティンナゴヤキャッスル」に参集され盛大に祝っていただき望外の喜びでした。お料理も素晴らしいメニューで皆さん心ゆくまで堪能されました。氷細工も華やかで際立っていました。ありがとうございました。

お料理は「名古屋都ホテル」で私と一緒に仕事をした調理の鈴木雅彦さんが腕を振るってくれました。氷細工は日本でも有数の腕前で、私のフルネームを彫って会場に飾っていただき感無量でした。鈴木シェフは、名古屋都ホテルがクローズしてからウェスティンナゴヤキャッスルにお世話になりました。本人の努力もあって、今春、副総料理長に抜てきしていただき、こんなうれしいことはありません。
その上、本年10月21日から5日間ドイツ・エアフルトで開催された「第24回世界料理オリンピック」団体の部で鈴木雅彦副総料理長が銀メダル、個人の部では、鈴木直也シェフが金メダルを獲得！　お2人とも「ウェスティンナゴヤキャッスル」の調理部で活躍し金銀ダブル受賞という画期的な快挙に沸きました。「名古屋観光ホテル」の滝口豊誠シェフが個人の部で金メダル（ペストリーアート）、平松一哉シェフが銅メダル（カリナリーアート）を獲得されました。それぞれおめでとうございます。

『第四回目の成人式』のご案内の文面は「ウェスティンナゴヤキャッスル」の加藤吉克総務部長さんの草案です。機知に富んだユニークな発想が皆さんにたいへん好評で、私も気に入っています。元株式会社ナゴヤキャッスル専務の川上義明さん、加藤部長さんが陣頭指揮でのお世話取りにより皆さまにたいへん喜んでいただき感謝いっぱいでした！　お世話人の皆さまにもあらためて深く感謝申し上げます。

ここに、ご案内状の文面を紹介させていただきます。

タイトル：【松田　仁宏さんの「第四回　成人式」を祝う会】

【文面】「拝啓　深秋の候　皆さまにおかれましては益々ご清祥のこととお慶び申し上げます

このたび　私たちホテル業界の父である松田仁宏さんが11月16日に傘寿にあたる80歳を迎えられます

おかげさまで松田さんは傘寿を迎えるとは思えないほどご健康で病気ひとつせず毎日晩酌をつづけており、私たち後進としても誠に喜ばしい限りです

つきましては左記のように来る11月30日（月曜日）に旧知の皆さま方もお招きして松田仁宏さん「4度目成人式」のお祝いを催したくご案内いたします

なお　当日は午後5時より発起人の一人である清原當博氏（全国ＢＭＣ

第10代会長　株式会社ホテルオークラ東京　代表取締役会長）の記念講演でお祝いに華を添えていただき予定ですので　併せてご案内申し上げます

皆さまにおかれましては　ご多忙中とは存じますが何卒ご臨席賜りますようお願い申し上げます

敬具

平成28年11月吉日

発起人一同

記念講演　午後5時より　祝賀会　午後6時半より

場　所　ウェスティンナゴヤキャッスル　2階「天守の間」

発起人

鈴木尚太郎氏（全国ＢＭＣ第七代会長・仙台ホテル　元取締役総支配人）

川上　義明氏（全国ＢＭＣ第九代会長・株式会社ナゴヤキャッスル
元専務取締役）

清原　當博氏（全国ＢＭＣ第十代会長・株式会社ホテルオークラ東京
代表取締役会長）

斉藤　克弥氏（全国ＢＭＣ副会長・金沢東急ホテル　執行役員総支配人）

中神　彰裕氏（名古屋都ホテルＯＢ／ＯＧ代表　株式会社名古屋観光ホテル
取締役宿泊部長）

根木　政美氏（一般社団法人日本ＨＲＳ技能協会監事（株式会社ナゴヤキャッ
スル　常勤監査役）

加藤　満憲氏（愛知大学同窓会代表・公益財団法人愛知大学教育研究支援財団
理事長）

以上

◇参集された皆さまへの謝辞

私の「第四回　成人式」を祝う会は、全国から２５０名の皆さまが参集され盛大に祝っていただき誠にありがとうございました。

私のホテルマンスタートは「ホテルオークラ」です。師と仰ぐ元ホテルオークラ副社長の橋本保雄先輩より薫陶を受けました。記念講演は、橋本保雄イズムの継承者で、ミスターホテルオークラの清原當博さんにしていただきありがとうございました。

祝賀会では全国ＢＭＣ伊藤保会長様、ＢＩＡ勝俣伸会長様、ＨＲＳ森本昌憲会長様よりご丁重なご祝辞を、また、ご祝辞と乾杯の発声を愛知大学先輩で元愛知県副知事・甲斐一政様に賜り深く感謝申し上げます。

われわれ業界の三団体の会長がそろって名古屋にご参集されお祝辞を賜りましたことは画期的なことで身に余る光栄に存じます。

全国ＢＭＣでは、会長を6年間務めさせていただきました。これもひとえに全国の役員の皆さんや、各地区の皆さんに支えていただきましたおかげでございます。

新年から発起人のお一人であります「金沢東急ホテル」の斉藤克弥さんが全国ＢＭＣ会長に就任され「勉強する宴会集団」として活躍中です。

斉藤会長は『温故知新』をモットーにスピードのあるマネジメントで定評があります。今後ともご支援、ご協力をお願いいたします。

ＢＩＡでは塩月弥栄子前会長時代に人材育成委員長として長くお手伝いをさせていただきました。現在は富士屋ホテル社長の勝俣伸会長は人望が厚く、野田専務理事をはじめ、齋藤伸雄常任理事など役員の皆さまとともにブライダル文化振興のために鋭意努力しておられます。

ＨＲＳ森本昌憲会長は着任されて以来、各支部の皆さんと頻繁にコミュニケーションを取られリーダーシップを発揮しておられます。また、当地、中部支部におきましては運営委員長を当ホテル常勤監査役の根木政美さんから料飲部長の福森智昭さんにバトンタッチされ、現在、福森委員長を中心にレストランサービスの向上に邁進されています。

実は、昨春、川上義明さん、加藤吉克さんが「松田先輩が今年、傘寿ならお祝いをしよう」と発案がありました。私自身30～40名の宴席と思っていましたら何と250名の方々が参集され驚いています。

皆さん、お一人お一人との再会…ＢＭＣ・ＢＩＡ・ＨＲＳそして名古屋都ホテルOB・OGの皆さん、甲斐一政元愛知県副知事を筆頭に母校・愛知大学OBの方々がご参集され心より敬意を表します。

私の人生の半分、40年はホテルマン一筋です。お客さまにご満足いただけるよう「おもてなし」をしてまいりました。

今回は「おもてなし」を受ける立場で、気恥ずかしく思っておりましたが、このように大勢の皆さんにお祝いいただけますこと、この上ない誇りで感無量です。

皆さん、感謝!!

第六章
次世代へのメッセージ

1. ホスピタリティーの原点

東山魁夷画伯が東京美術学校在学中の夏休み、長野県に友達とキャンプ。そのとき、ものすごい夕立に遭遇。「私たちは、途方に暮れていると、ある農家を見つけてそこに駆け込んだ。そこで、私たちは思いがけないほどの〝温かいおもてなし〟を受けた」と述懐をされた。

そのときのご恩を忘れず、後年その村に500点の画板を寄贈され、『東山魁夷心の旅路館』が設立されたことは本当に素晴らしいことです。農家の方から、心からの「おもてなし」に、その感動をお返しされたことは劇的でホスピタリティーの感動の共有です。

2. ホスピタリティーの語源

語源は、ラテン語のHospes（ホスペス）です。英語でHospice（ホスピス）ですホテルはホスピス（教会といってもよい）から始まりました。
Hospice = Hotel（宿泊施設）+ Hospital（医療施設）を兼ねたものです。旅人を自然と人間の暴威から守り、休息・休憩させるための場所。慈善施設・宗教的色彩が強く、教会が運営していました。

▲旅travel（トラベル）の語源はtrouble（トラブル）だといわれます。

ホスピタリティーは、病院　Hospitalと語源が一緒です。
「Hospitality」= Hospice・Home・Hotel
Hotel + Hospital = Hospitality

日本語で分かりやすく表現すれば、「心からのおもてなし」「心からの歓待」「温かい心遣い」「思いやりの心」「親切な心」「心意気」「心地よさ」などです。この言葉を皆さん使い分けて活用していただきたいと思います。

◇われわれの究極の目的は、この言葉が原点です。

『歩み入る者にやすらぎを 去り行く人にしあわせを』

先述しましたが、アメリカのコーネル大学・観光学科のキーワードは、Warm & Attentive ＝『温かい心遣い』です。サービスの基本中の基本は、やはりこの言葉に尽きます。温かい心遣いです。そしてお客さまには、常に優しい思いやりと親切で、しかも、明るい笑顔で、気配りを差し上げることです。

「心の通った人間関係」「心を通い合わせる」ことは、お客さまとの人間関係としてとらえるとき、高品質な心のこもったサービスの源となります。

◇ホテルマンは、もっともっと一歩も二歩も踏み込んで積極的に明るい笑顔で、気楽にコミュニケーションをとるよう努力しましょう。

私が長いホテルマン生活で、あいさつが一番できているのはアメリカ人でした。笑顔とあいさつは抜きん出ていました。アメリカ人は次の三つの言葉を実によく使います。

1.「Thank you」 2.「Please」 3「Excuse me」 それに加えて「Smile」です。アメリカでは幼児のころからこの言葉を厳しく教えると言われています。

笑顔が一番いい印象を相手に与えます。お客さまがお見えになられたらまずほほ笑んでください。笑顔は伝染するもので、笑顔は返ってくるものです。「初期接客の決め手は笑顔にあり」です。

ここで、笑顔の殺し文句を紹介します。

「笑顔は最高の宝物です」「女性の笑顔は最高のオシャレです」「女性の笑顔は最高のお化粧です」このフレーズは言い得て妙です。大いに使ってください。

アメリカ合衆国は世界各国から移民してできたまさしく合衆国です。風俗習慣や言語も違います。人々は社会生活をするうえで最も大切なことは『あいさつ』と考えたのでしょう。明るいあいさつは日常の生活で欠くべからざる必要条件であったからです。

あいさつのことを英語で『Greeting』といいます。人と人とが出会ったときや、別れるときに交わす最も大切な動作や言葉です。出会ったとき、別れるときのごあいさつは、温かい、心のこもったごあいさつをします。お客さまのお名前でお呼びしたらなお良いでしょう。

◇「サービス」とは
サービスとは相手の要求を満たすもの。対価が発生します。

「おもてなし」は、誰にも見返りを求めないもの。思いやりの心を持って個別のサービスを提供するのがホスピタリティーです。塩月弥栄子会長は「茶道で表現される〝わびさび〟の心を持ち、表に出すぎない控えめなものです。日本の「おもてなし」は、〝目配り、気配り、心配り〟です」といつもわれわれに諭されました。

もう一度言いますが、真のサービスとは、「お客さまの要求をいち早くキャッチして、その要求を満たす」ことです。端的に言うと『客の要求を満たせ』です。当たり前のことを当たり前にすることがサービスの基本です。このことだけでは、お客さまに感謝も、感激も、感動もしていただけません。『お客さまの心を動かす』ことです。40年のホテルマン生活を通じて、「サービスとは何か！」「ホスピタリティーは何か！」絶えず考えてきました。サービスやホスピタリティーには方程式がなく、本当に奥行きが深く、永遠のテーマでもあります。

3.「ことば」は心の表現

講師のダン道子先生の講義再録〝「ことば」は心の表現〟ホテル学校発刊『ホスピタリティー』より、原文のままでお伝えいたします。

『ホテルや旅館で、対応して下さる方々の態度と、言葉使いが、キチッとマッチしていて下さるとホッとして、安心感がわいてまいりますけれど、いやに冷たく、丁寧すぎたり、反対に、お客だか、何だか、〝さあ早くお上がりなさいましよ〟とでも云うような、トコトコやられると、一寸不安になって、あたりを見まわしてしまいます。

ニッコリして温かく、「いらっしゃいまし、おつかれになりましたろう」と云って下さると、そして物静かに食事の具合、御湯のあんばい、明日の予定などをきちんと聞き入れて、清潔な感じを与えて頂けるのが一番にうれしゅうございます。

東京では、やはり正しいきちんとした東京語でなくてはなりません。東京のホテルや旅館で地方語を遠慮なくふりまかれては困ります。

けれど地方では、おかしな標準語まがいのものより、どちらにだってその地方の「正しいことば」がお有りでしょうから、それを使って頂きとうございます。

どこへ行っても、ビルディングは同じ型、男の人も、女の人も、子どもも皆、レディーメードの姿々々。せめてことば使いだけでも、その地方らしいのを聞かせていただきとうございます。なまじできもしない変な標準語より、ずっといい感じが持てましょう。

さて、職場にあって、平気で「茶の間ことば」を使っていらっしゃいます。ことに男の方々が、それをご存知ないなんて、「少々お待ち下さいませ」「おかけ下さいませ」。

「ませ」は、すすめる型ではあっても、決して、尊敬の念はふくんでおりません。むしろ少々「甘ったれ的」、「ネエ」的であれば、女の人が使うならまだしも、男の方がお使いになるのは少々背中がムズかゆい。「お待ち下さい」「おかけ下さい」で十分な筈。もしや、もう一寸きちんと云いたければ「お待ち頂きます」(願います)と申しましょう。

ことばは真心を、相手に通じさせるための表現であればその雰囲気が現れなくては何もなりません。一言一言を大切におっしゃって下さい。いくらきれいな文を並べられても、上手に云っても、空々（そらぞら）しく冷たくては、やはり何もなりません。むしろ何も云わないで、動作だけの方がまし、と申せます。

敬語をスムーズに使って下さい。文法をわきまえてお話し下さい。何事もルールがございます。ことばにも、正しいルールがあって、それに添って話をしなくてはおかしいものになります。

相手の動作、品もの（相手の身内）には「お」をつけてはいけない事。と云って「ことば」は生きております。今までの習慣で、付ける方が耳ざわりもよく、落ち付くものには、やはり今までの様に付けてもよろしゅうございましょう。

おすし、おいも、お汁粉、お弁当などは、男の方も女の方も付けて云う方が無難でございます。「お」を付けないでおっしゃってごらん下さい。ネ、そうでしょう。荒々しい語気にならない方がよろしく、外来のものにも付けません。コーヒー、サイダー、ジュースに付けるとおかしゅうございます。此の頃、変な言葉を耳に致しますのは「お召し上がり下さい」と、吹き出したくなります。「お」さえ付ければいいかと思う無知、「召し」も「上り」も食べる事の敬語、それに又一つ敬語を付けたってムダになるばかり。「召し上がって下さい」、「どうぞ召し上がれ」、「お上がり下さい」これでたっぷり表現されており、落ち付いております。

「すみません」もお礼を云ったり、あやまったりの時に使われますが、これは目上から目下に対してのいたわりの表現で、決してお詫びや感謝のものではなく「ごめん下さい」、「お許し下さい」、「申し訳ございません」等、深くお詫びを表現するにふさわしいことばがございます。

「ありがとうございます」「恐れ入ります」と、だのに軽々しく「すみません」の一言ではすみません。「なら、すむようになさい」と云いたくなります。

心の表現が「ことば」であれば、思っている事を充分に相手にわからせる事が大切。どの仕事をする者も、誰もかれもが、相手を尊敬し、温かい心で、やわらかく話し合えば、楽しい、いい社会になれます。

ことばの意味を、よく考えて表現する「くせ」を付けて下さいまし』

4. 言葉遣いのエッセンス

◆あいさつの言葉

○お早うございます　いつもお世話になっております

×お待ちどうさまでした↓　○お待たせいたしました　○申し訳ございません

○お待たせ申し上げました

○承知いたしました　○かしこまりました　△了解しました

○鈴木様でいらっしゃいますか？　△山田様でございますか？

×「はじめまして」↓　○「お初にお目にかかります」

○出席いたします　○喜んで出席させていただきます

◆お客さまがお帰りになるとき

○「ありがとうございます。鈴木様またのお越しをお待ち申し上げております」

◆お客さまにおよばれしたとき

△「ご馳走《ちそう》さまでした」だけではだめです。○「お招きいただいてありがとうございました」「楽しゅうございました」といったお礼の言葉で締めくくってください。

◆お客さまより感謝の言葉をかけられたときのお礼

○「ありがとうございます」○「おほめいただいて、ありがとうございます」

○「お言葉ありがとうございます」○「恐れ入ります」×「すみません」

◆クッション言葉を覚えておくと便利です

○「恐れ入りますが」○「お手数をおかけしますが」○「ご面倒をおかけしますが」○「よろしければ」○「ご都合がよろしければ」

◆**電話の応対**

○「申し訳ございません。高橋は本日休みを取っております。明日(みょうにち)、5日には出社いたします。もしよろしければ、代わりにご用件を承ります」

×「お声が小さくて聞き取れないのですが」↓○「少々お電話が遠いようなのですが」○「恐れ入りますが、もう一度お名前をお聞かせいただけますか」

○「もう一度お名前をお伺いしてもよろしいでしょうか」○「周りが騒がしいものですから、何度も申し訳ございません」

◆**ビジネスでタブーな言葉**

×「とんでもございません」↓○「とんでもないことでございます」

◇おわびのとき

○「申し訳ありません」○「申し訳ございません」○「お許しください」

◇頼みごとをするとき
○「恐れ入りますが」　×「すみません」
×「よろしかったでしょうか」↓　○「よろしいでしょうか」
×「ご利用できません」↓　○「ご利用になれません」
×「結構です」↓　○「はい、結構でございます」
×「お申し出ください」↓　○「お申し付けください」

◆若い世代の言葉もＴＰＯ次第

「～の方（ほう）」という言葉を使わない。
×「コーヒーの方をお持ちしました」↓　○「お待たせいたしました。コーヒーをお持ちしました。どうぞ」
×「お会計の方は、１７００円になります」↓　○「お会計は１７００円でございます」

「～になります」「～なってます」使わない。
×「こちらメニューになります」　×「こちらトマトジュースになってます」↓
〇メニューでございます。トマトジュースでございます」

×「～的」「私的にはＯＫです」
×「超～」「超おいしい！」「超楽しい！」
×「さっき」↓　〇「先程」
×「後で」↓　〇「のちほど」
×「～の型になっています」
×「ちょっと」↓　〇「少々お待ちください」
×「たった」↓　〇「わずか」
×「すごく」↓　〇「とても」「たいへん」
×「わりかし」↓　〇「わりと」「比較的」
×「申し出をさせていただき、できる限り努力をさせていただきます」
×「どれほど」↓　〇「いかばかり」

×「なるほど」↓ ○「おっしゃるとおりです」

×「教えてください」↓ ○「お知恵を拝借できますでしょうか」

×「チェックし忘れました」↓ ○「確認を怠りました」

×「ミスしました」↓ ○「私の不手際で（不注意）でございました」

×「うっかりしていました」↓ ○「失念しておりました」

×「仕方ありませんでした」↓ ○「やむなく〜に至った次第でございます」

×「思い違いをしていました」↓ ○「心得違いをいたしておりました」

◆**重複表現を避ける**

×「一番最初に」↓ ○「一番に」「最初に」

×「ビール」↓ ○「キリンの一番搾り」

×「大雨で」↓ ○「台風15号の大雨で」

×「多数の参加があり」↓ ○「１００名の参加があり」

◆各国のあいさつ言葉

●英語

「おはようございます」↓「グッドモーニング」

「ありがとうございます」↓「サンキュー」

「またお目にかかりましょう」↓「スィー・ユー（アゲイン）」

●フランス語

「おはようございます」↓「ボン・ジュール」

「ありがとうございます」↓「メルスィ・ボク」

●ドイツ語

「おはようございます」↓「グーテン・モルゲン」

「ありがとうございます」↓「ダンケシェーン」

●中国語

「おはようございます」↓「ニザウ」

「こんにちは」↓「ニハオ」

「ありがとうございます」↓「シェシェ」

「さようなら」→「サイチェン」

●韓国語

「おはようございます」→「アンニョンハシムカ」

「ありがとうございます」→「カムサハムニダ」

◆印象度アップの立ち居振る舞いと言葉遣い

○NHK朝ドラ「とと姉ちゃん」で、きれいな言葉遣いを見つけました。

「ただいま帰りました」「ただいま戻りました」

「お心遣いありがとうございます」「何かお力になることがございましたら」

「困ったときはお互いさまです」「そう言っていただき何よりです」

「お骨折りいただきありがとうございます」

「お手紙の遣り取りしましょう」「いくつになっても苦労かけて」

「お気持ちだけで十分です」

「皆さん！　手を尽くしてくださり　ありがとうございます」など。

○目上の人やお客さまとすれちがったときは立ち止まって軽く会釈してごあいさつをする。「いらっしゃいませ」など。
○お客さまが帰るときは「お待ち申し上げております」
○「ありがとうございます。またのお越しをお待ち申し上げております」
○苦情を受けたとき「すみません」「どうもすみません」ばかりでは謝罪の効果がない。相手の話をよく聞いてメモを取り誠意を示すことが大切です。ホテル側は、できるだけ複数（2名がよい）で対応を心掛ける。
○相手の感情が高ぶっているときは「恐れ入りますが」「お差し支えなければ」と間合いを入れたりしてください。ときには、おしぼりや冷たいものでも出して相手の気持ちをしずめるのも肝要です。
○苦情のときは、声は低めで、ゆっくりした口調で、できるだけ目をそらさずに対処してください。
○謝罪の言葉は、繰り返しますが「たいへん、申し訳ございません」「心よりおわび申し上げます」など、ゆっくりと丁寧に誠意を持って応対をしなければなりません。

×「どうもすみません」は、仲間内に使うのはよいが謝罪の言葉としては使わない、軽すぎる。

◯シンプルに「はい」×「うん」「ええ」も使わないでください。時々は「さようでございますか」「さようでございましたか」など同意の言葉をはさむようにする。

×「ミス」という言葉を使わない。◯「何か不都合がございましたか」「何か不具合がございましたか」とお応えする。

◯お客さまに視線を合わせる、手や指のサインを見きわめる、薬を飲むしぐさなど、いち早く察知して、お客さまの要求を満たさなければなりません。

◇人の話を聞くときの相づち、目上の人に使う言葉

◯「そうですね」◯「おっしゃる通りですね」▲「なるほど」×「ほんとに」

◇上司より先に帰るとき

「お疲れさまでした」×「ご苦労さま」×「どうも」

◇×「先生がそうおっしゃった」↓○「先生がそう申しました」

×「私の父がおっしゃいました」↓○「私の父が言いました」○「父が申しました」

◇×「お召し上がりくださいさい」↓○「召し上がってくださいさい」○「お上がりください」

◇×男性に多い言葉のクセ↓「絶対に」「非常に」「まったく」「断然」これらの言葉は一生のうち一度か二度です。

近ごろの女性が×「断然やるわよ！」×「非常に素晴らしいのぉォ」と使います。

◆**「言葉遣いの三原則」は、明るく、やさしく、美しく**

◇1．豊かには話す　2．誠実に話す　3．正確に話す　言葉は終わりを丁寧に。

例：×「あなた　ビール飲む」○「あなた　ビールお飲みになりますか？」

◆「ごきげんよう」について

「ご機嫌よう」は、「ご機嫌（健康）よく結構ですね」を縮めて言った言葉です。「おはようございます」「こんにちは」「さようなら」、ときには「おやすみなさい」まで、この言葉で通すことができるという奥の深い言葉です。

◆サービスのワンポイント・アドバイス

◇サービス中、お料理を出すときは「失礼します」より「恐れ入ります」「たいへんお待たせいたしました」などを使った方が上品です。

◇トレイの持ち方「重いものを手前に乗せると安定して失敗防止になります。

◇皿の取り扱い方「重ねるときは下の皿にものがないように。残飯とシルバーを分けて乗せる。残飯などは客前で仕分けしてさげない」「サーバーの持ち歩きは厳禁！」

◇パーティーで差し替え料理を出したら手ぶらで帰らない。必ず汚れたグラスや皿は持って帰る」

5．ホテルマンの資質の提言について

一流のホテルマンを目指す皆さんは、次の「15項目」を満たすよう日々精進していただきたい。

(1) お客さまの要望を満たす
(2) 待たせない
(3) お客さまを裏切らないよう
(4) 信頼感
(5) 好みを覚えている
(6) サービスにスピードがある
(7) 名前を覚えている
(8) サービス技術が優れている

(9) サービスに誇りを持っている
(10) 手間を惜しまない
(11) お客さまに誠実な関心を寄せる
(12) 聞き手に回る
(13) 同じことを二度と言わせない
(14) 押し付けない
(15) 心からほめる

一流のサービスとは『基本の徹底で決まりきったことを確実に行なうこと』です。その基本の第一歩は、お客さまへの笑顔と心からの「お・も・て・な・し」です。ホテルの大事な三大要素は、『設備』『サービス』『料理』です。言い換えて言えば『一流の設備』『一流のサービス』『一流の料理』が理想のサービスです。

一流とは、『豪華な設備から生まれるものではない。人間から生まれる』と言われます。設備も、サービスも、料理もそれぞれ大事な要素ですが、中でもサービスが一番大事であり一番難しい。サービスは方程式がなく奥行が深いです。

21世紀は、サービス産業からホスピタリティーの時代に　いかに心をつかむかが重要でお互いに心と心が感動を分かち合うことが大切だと思います。このことこそ、一流の条件と言えるでしょう。

同様、ホテルオークラの橋本保雄先輩は『21世紀は、心と知の時代』とおっしゃいました。「お客さま第一主義で、いかに心をつかむかが大切だ」と喝破されました。

6．ホテルマンの手紙の活用について

最近は、直筆の手紙を書く人がだんだん少なくなっています。パソコンによる書状、Ｅメール、携帯メール、ＬＩＮＥ、ＦＡＸなどＩＴ全盛時代です。われわれサービスマンにとってもここ一番のときは、心のこもった直筆の手紙をもっと活用してほしいと思います。

『自筆のお手紙は、上品なあいさつとなる』『手紙は心を手渡しするもの』＝『手紙は会話と同じ』と塩月弥栄子先生はおっしゃいます。塩月会長はよく「皆さん！もっと好奇心を持ってください」とおっしゃいます。好奇心の要諦《ようてい》「カキクケコの行動原則を紹介します。

カ→感動することに照れない
キ→緊張感を楽しむ
ク→「くつろぐ」

ケ↓決断力
コ↓好奇心を持ち続けること

◇人のいいところを見ようと努めている
◇人をほめる　人の悪口を言わない
◇積極的に人と付き合い好奇心を燃やす
◇不意の訪問客ほど歓迎する
◇行動する
◇メモを取るようにしている

以上、塩月語録です。「以（もって）瞑（めい）すべし」

手間を惜しまず便せんに向かって文章を推敲した手紙は、新鮮で相手に与えるインパクトがあります。それと感謝の気持ちを相手に伝えると思います。手紙を書くことを勧めても「時間がない」「手間がかかる」「字が下手」という言葉が返ってきます。しかし、真心こめて丁寧に一生懸命書けば相手に律儀さが伝わります。

私はここ一番の手紙を書くときは、パソコンで下書きをして、清書するときは封筒と便せんで丁寧に書き投函します。消しゴムを使う必要もなく文章の推敲《すいこう》になります。誤字を防ぐため手元に電子辞書を用意します。書き終わった直後に必ず読み返しましょう。誤字がないか注意します。

◇『父の日手紙』カフェ　日本郵便、手紙の利用促進図る。

ＮＨＫ朝のニュース（２０１６年６月10日）で以下の情報を流していましたので紹介します。

今年は手紙で感謝を伝えよう。19日の父の日を前に日本郵便は7日、渋谷区で期間限定オープンした。メールやソーシャル・ネットワーキング・サービス（ＳＮＳ）のやり取りが主流となる中、若者に手紙の価値を再認識してもらおうと同社が初めて企画。同区神南1の「ＪＩＮＮＡＮ　ＣＡＦＥ（ジンナンカフェ）」を〝衣替え〟し、手紙執筆コーナーやポストを設ける。

オープンニング発表会には、タレントのＩＭＡＬＵさんと芥川賞作家・羽田圭介さんが参加。「父親にしたい有名人」１位に選ばれたお笑い芸人・明石家さんまさんを父親に持つＩＭＡＬＵさんは「正直母の日より印象が薄い。大人になったら（父の日に）何かをしたことがない」という。イベントでは、昨年還暦を迎えた明石家さん宛に「せめて家族の前ではゆっくり過ごしてください」とねぎらいの言葉をつづった手紙を読み上げた。

原稿はパソコンで書いているが、新作出版時には関係者らに直筆で手紙を書いているという羽田さん。「手書きだと、いつもとまったくちがう脳の使い方をする。自分の持っている言葉で、飾らないで書いてみては」とアドバイス。「理想の文字数」として２００文字を挙げた。「手紙でしか伝わらない良さがある。父の日をきっかけに、どんどん気軽に手紙を書いてみてほしい」と呼びかけた。

◇最近、新入社員採用試験での問題点を指摘する新聞記事が目につきます。記載された内容を一部紹介します。

愛知経営者協会調べ＝会員企業の採用担当者に新入社員の問題点を聞くと、1．「一般常識に欠けている」2．「論理的な文章が書けない」3．「誤字が多い」と、この三項目が半数を占めた。また、「コミュニケーション力」「敬語の理解が不十分」「中学数学が身についていない」「メールが主体となり会話力に乏しい」「ストレス耐性が低い人が増えている」などの回答があった。

新入社員の問題点―中日新聞2015・2・19日朝刊

◇船井総研の故船井会長さんは社員の採用条件で次のことを述べられました。

◆誤字を書かない

採用試験のとき、その場で手紙を書かせて間違った字が一字でもあったら採用しない。小さなことが、まともにできない人には大きなこともまともにできない可能性がある。誤字は文章を常に書くとか、本を読むとか、新聞を毎日よく読む、辞書を手元にいつも置いて分からない文字を確かめるといった習慣でなくすことができる。特に、「誤字を書かない」ことが採用の第一条件と船井会長は力説されます。

◇朝日新聞のコラム「天声人語」や、中日新聞の「春秋」を書き写すといったことも正しく書くトレーニングになります。新聞の社説も同様の効果をもたらします。それと論理的思考の勉強になるのでぜひ試してほしい。

◇手紙や、はがき、FAX、Eメールなどもそれぞれ特徴があり使い分けること。これらのことは文章による立派なプレゼンテーションです。

◇先述しましたが、ここ一番のときには、直筆の封書で差し上げるのが大切です。手紙の返事はクイックレスポンスです。私は取るものもとりあえずとして筆をとります。

以上の採用条件での問題点は傾聴に値します。われわれサービス業界に身を置くものにとっても同感です。特に「誤字」には、気を付けましょう！

お客さまにご利用いただいたお礼状を積極的にお出ししているでしょうか？

◇手紙の準備について

私、敬愛する朋友から手紙のノウハウをいろいろ教わりました。手紙を出すことが実に楽しくなりました。

例えば、同じ封筒、同じ便せん、同じ筆とペンや切手も手元に常備しています。すぐ手紙を出す体制が整っています。クイックレスポンスを心掛けています。

切手も郵便局で新しい切手が発行されたら買い置きします。切手を封筒に貼るときは、心を込めて正しく貼ります。「名前のはんこ」や「あいさつ言葉印」「シール」は、季節や相手の趣味に合わせて貼っても喜ばれます。

郵便局では「風景印」が用意されています。ない局もあります。消印の一つです。郵便局地域の名所、旧跡にちなんだ図柄が描かれて相手に喜ばれます。

作家の伊集院静さんが、直筆の手紙は心を込めて「丁寧に書く」「簡潔に書く」ことが肝要な点であると指摘しています。

時候のあいさつはいつも逡巡《しゅんじゅん》します。天気予報欄を見て時候の言葉をメモします。『二十四節気と七十二候』などを活用します。少し「立冬」の項をひもといて参考にしてください。

立冬とは、冬が始まるころ。『木枯らしが吹き、木々の葉が落ち、早いところでは初雪の知らせが聞こえてきます。冬の準備を始める「こたつ開き」の時期でもあります』・・・

皆さんも時候のあいさつで困ったときは、このフレーズを活用してください。

また、私はいただいたお手紙で大事だと判断したものは必ず保持し心に銘記します。

◇相手の名前を正確に書く

旧字体が正式名称である場合は、新字体ではなく旧字体を使用するのが原則です。相手に名前をよく確かめて間違えないことです。

例・ワタナベ・タカハシ・サイトウの場合

渡部・渡辺・渡邉・渡邊・高橋・髙橋・斉藤・齊藤・斎藤・齋藤・長嶋・長島

◇固有名詞は確かめて書く

固有名詞は間違えないこと。特に社名、担当者名などは、正式名称を使うよう細心の注意を払いましょう。

◇社名では、「株式会社」「有限会社」が前につくか、後ろにつくか確認のこと。（株）（有）と省略しないこと。

◇部署名も、通称でなく正式な名称を使うこと。漢字の使い方に気をつけること。読み方は同じでも、「電気」「電機」「電器」など、さまざまな表記があります。

7．名前を覚えるノウハウ

人の名前を覚えることとは、サービス業に携わる従事者に限らず、すべての人に言える大切なことです。名前を覚えるノウハウを考えてみます。世界的に有名なリッツ・カールトンでは、サービスの3ステップを掲げています。特に、お名前でお呼びするよう、お名前をそえるよう社員の皆さんに呼びかけています。

(1) 温かい、心からのごあいさつを。お客さまのお名前でお呼びするよう心掛けます。

(2) お客さまのニーズを先読みしてそれにお応えします。

(3) 感じのよいお見送りを。さようならのごあいさつは心をこめてできるだけお客さまのお名前をそえるよう心掛けます。

◇名前の覚え方

(1) 最初に名刺をいただいたら名前を読む。読み方が分からなければすぐ聞き返しルビを付けます。

「何とお読みするのですか?」名前がはっきり聞き取れない場合には、「恐れ入りますが、お名前をも一度、おっしゃってください」とお願いをします。

難しい名前なら「恐れ入りますが、漢字ではどのようにお書きするのでしょうか」と伺った方がベターです。

(2) いったん相手の名前を覚えたら、できるだけ、ひんぱんに相手の名を入れて会話をすればかなり覚えます。特にグリーティングのとき最初のあいさつと、別れ際にもう一度、相手の名前を呼ぶと印象が良いでしょう。

「鈴木様、こんにちは! いらっしゃいませ」「さようなら! 青木様」とほほ笑みながら名前を呼んで差し上げましょう。

(3) 名字だけでなくフルネームで覚える習慣をつける。名字ランキング・ベスト5は、1位 佐藤 2位 鈴木 3位 高橋 4位 田中 5位 伊藤です。

多くある名前の人であれば、フルネーム、所属課名を確認しておきましょう。前述の渡辺、高橋、斉藤の名前の人は要注意です。

(4) 名刺はすぐしまわないでテーブルの上に置くか名前を覚えてすぐしまう。

(5) 名前を覚えようと〝強い意志を持つ〟お客さまの方を見て必ずアイコンタクト！　長嶋茂雄さん、王さんは、相手の名前をよく覚えておられます。

(6) 名字と名前を省略して覚える（例サトマサ＝佐藤勝）あだ名…。

(7) 寝る前に今日お会いした人を思い浮かべ名前を反復する。

(8) 名刺にお会いした年月日、相手の顔の特徴、出身地、会合名など伺った内容をメモし、相手の名前を書いてたえず復唱しましょう。

(9) 名刺は毎日、1週間、1カ月単位で読み返し、いつでも名刺が取り出せるようファイリングをしておきましょう。

(10) 出会いを通じてお世話になり、コミュニケーションを深めた方にはFAXやお手紙、またはEメールを差し上げることも良い。ここ一番は直筆の書状が丁寧で印象深いです。

(11) 名刺を整理して必要な人は『住所録』に書きとめておくのも効果があります。

⑿アメリカ人は名前を覚えるエキスパート。デール・カーネギーの「人を動かす」の中で高名な人たちがいかに名前を覚えることに努力していたかが分かります。ルーズヴェルト大統領は人に好かれる一番簡単で分かりきった、しかも一番大切な方法は、相手の名前を覚えて、相手に重要感を持たせることだということを知っていました。

⒀私は、ご婦人とお会いしたときの服装やアクセサリーもメモで書きとめています。次にお会いしたとき、前にお会いしたときのファッションのことをお話しすると喜ばれます。劇的な出会いを演出するのもホテルマンのテクニックです。

⒁アドレスの記入された名簿資料は、常に管理し時々読み返すことによって名前の再確認をします。

⒂明と申します。どうぞよろしく」と名乗ります。そして、「お名前は何とおっしゃいますか」と尋ねます。できるだけフルネームでお伺いしましょう。

◇デール・カーネギーは「人に好かれる原則」として名前を覚えることは非常に

大切であると力説しています。「名前は、当人にとって、最も快い、最も大切なひびきを持つ言葉であることを忘れない」

◇人に好かれる六原則

(1) 誠実な関心を寄せる
(2) 笑顔を忘れない
(3) 名前を覚える
(4) 聞き手にまわる
(5) 関心を見抜いて話題にする
(6) 心からほめる

8　次世代をになう若手の声

第6回全国ＢＭＣ夏季総会と若手コンペティション
２０１６（平成28）年7月6日　於：名古屋東急ホテル

☆最優秀賞　大阪・兵庫ＢＭＣ代表　森本　彩佳さん
（ホテル大阪ベイタワー・宴会予約）

『将来へ 素晴らしい結婚文化を伝えるために』

とある女子会の出来事です。
「イメージできひん。別にせんでもいいと思ってたけど、親がした方がいいって言うねん！」婚約した友人に、「結婚式のイメージってどんな？」と聞くと、そう言われました。では、どうして親世代は「結婚式を挙げるべきだ」と口をそろえて言うのでしょうか。それは、今まで結婚式に参列し、そして自分たち自身が結婚式で主役を演じた経験があるからこそ、「結婚式は素晴らしい」と感じているのだと思います。結婚式に参列したことがない、イメージできない、魅力が分からない、これらの理由が、実施率の低下を招いている原因の一つだと感じました。

私が、「あんな感動的な結婚式を創るプランナーになりたい。そして将来、自分も素敵な結婚式をしたい」と思ったきっかけは、就職活動中の会社説明会で見たエンドロールＤＶＤがきっかけでした。扉が開いたときのあの感動的な瞬間、新婦様からの手紙のシーン、自然と涙があふれてくるほど感動しました。

私のような小さなことがきっかけで、結婚式にあこがれを持ち、「結婚式っていいなぁ、自分でもしてみたいなぁ」と思う人が増えれば、きっと将来に「素晴らしい結婚式文化」が伝わるはずです。そうは言っても、結婚式を身近に感じる環境にない人たちに、どうすれば結婚式の魅力を伝えることができるでしょうか。

そこで、今や生活する上で欠かせないアイテムの一つである、スマートフォンに注目しました。近い将来、結婚式で主役を演じるであろう10代・20代のスマートフォン普及率は、10代で約70%、20代でほぼ100%です。そんなスマホ世代に魅力を伝え、結婚式を身近に感じてもらうために「結婚式体験アプリ」の配信を提案いたします。

式を挙げた新郎新婦の体験談エピソードが見られるページ、ブライダルメイクやヘアセット、ドレスなど最新の流行、おススメ演出や会場コーディネートの写真を載せることで、こんなのがあるんだ！　と、結婚式を知るきっかけにもつながります。また、自分の写真をアプリに取り込めば、本番同様のメイクやヘアセット・ドレスの試着体験ができ、それをインスタグラムなどのSNSと連携させることで、美的感覚に優れているスマホ世代の心をつかむことができるのではないでしょうか。ですが、最新トレンドを紹介するだけでは、ただ結婚式に興味を持っただけで終わってしまい、「素晴らしい結婚式文化」を伝えることができません。

そこで、実際のプロフィールDVDや当日の動画エンドロール、親御様へあてた手紙のシーン、新婦様目線で結婚式をバーチャル体験できるページを作ります。実際の映像を見て、感動を体験そして共有することで結婚式には、両親、友人へ「感謝の想い」を伝えられる文化があるということをより感じていただけることでしょう。この体験アプリが10代・20代の中で広がれば、素晴らしい結婚式文化が伝わり、より身近なものになります。そして、「結婚式を挙げたい！」と思う人が増え、実施率の向上にもつながるのではないでしょうか。ぜひ、ＢＭＣが中心となってこのアプリを立ち上げ、ブライダル産業を盛り上げていきましょう！

これから求められるもの、そして残り続けるものは、「人の心に響く体験」だと思います。「おめでとう」「笑顔」「涙」がこんなにもあふれる空間は「結婚式」しかありません。

第一線でお客さまと接するプランナーとして、お二人らしい結婚式を創ること。そして私たち自身が、いきいきと働くこと、それまた、将来に素晴らしい結婚式文化を伝える上で、大切なことだと思います。

ご清聴ありがとうございました。

☆会長賞　北陸ＢＭＣ代表　中村千夏さん

（ユアーズホテルフクイ　ブライダル課）

『若者プランナーの使命！』

この6分間にも7組のカップルが婚姻しています。

〝結婚式〟この言葉には　すべての想い、たくさんの笑顔があふれています…近年、人口の減少・不景気・晩婚化などの影響で婚礼業界は縮小傾向になっていると言われております。私が勤めるホテルも例外ではなくありとあらゆる知識と経験を生かし、諸先輩からアドバイスをいただきやっと1組のご成約にたどり着きます。

そんな中、最近では世の中にこんな言葉が飛び交っています。それは「ナシ婚」です…婚姻はするが、結婚はしないことです。その背景には〝結婚式〟に対するイメージに変化があるのではないでしょうか、憧れ・幸せの絶頂・自分が一番輝ける瞬間・キラキラ・派手というプラスイメージではなくあまり派手にしたくない・目立ちたくない・しきたりとか人間関係とか面倒・お金もかかるし・そもそもあこがれないというマイナスイメージを持つ若者が増えてきているということです。

そんな気持ちでブライダルフェアやご相談に来られているのですから私たちプ

ランナーの役目はもう決まっています。いちから丁寧に寄り添ってお話を伺い、お二人らしい結婚式になるようにプランニングをしていくのです。

そこで私が最も重要としていることは、地元の伝統的なしきたりや、結婚式文化を伝えていくことです。私の地元、福井県にもたくさんの結婚式文化があります。その中で私が伝えていきたい結婚式文化を幾つか紹介します。

人と人とのつながりが感じられる「仏壇参り」、これは新婦が新郎宅の仏壇に結婚の挨拶をかねてお参りをするものです。新婦は自宅で「色打掛」を身にまとい、新郎宅へ向け出発します。たどり着いたら、「一生水の儀」を行ないます。玄関先で水を飲み、その「かわらけ」（素焼きの杯）を割ってから家に入ります。これは、一生戻ることなく、一生その家の水を飲んでいく意味があります。

次に、何色にも染まっていない白無垢に身を改めた新婦は、仏間に案内され先祖に結婚報告のお参りをします。その後「万寿まき」（酒まんじゅう）となるのですが、「万寿まき」とは、お嫁さんが来たお祝いに、万寿やお菓子を家の2階からたくさんまきます。ご近所からたくさんの人が集まって、みんなでお嫁さんが来たことを祝福するのです。このようなしきたりは日本人らしい、家族の絆、地元の絆が感じられますよね。

しかし、残念なことに今は仏壇参りや万寿まきをする人はほとんどいません…なぜなら多くの新郎新婦は、仏壇参りの言葉すら聞いたこともなく、しきたりも分からずにいるのです。だけど、こんな時代だからこそ今一度家族のつながりや絆を確認し合う親に対する感謝の気持ち、子どもに対するおめでとうの気持ちを表すことが結婚式ではないでしょうか…なんだか古くさく、今の時代とかけ離れているかもしれません…。

しかし、一生に一度の結婚式です。たくさんの人がお２人の晴れ姿を心待ちにしているのです。１組１組どれとして同じものはなく、そこには必ずみんなの笑顔、それぞれの想い、人々の絆が、あるのです。

私がそのことに気づけたのはブライダル課に配属されたからのことです。私たちでも、ＢＩＡ試験の勉強をしながら、やっと少しずつ結婚式文化に触れているのですから、恐らく、今の若者はもっともっと結婚式文化から遠い世界にいるのだと思います。時代は変われど、人と人とのつながりは決してなくなることはなく家族がいて、愛する人がいる。このことは何年、何百年たっても変わることはないのです。

人と人との絆、ここにすべての原点があります。今一度、結婚式文化を見つめなおし結婚式をするお二人に近い年齢の私たちの視点からどんどん変えていき、次の時代につなげていく…。

現状は、婚姻数の約半数しか結婚式を挙げていません。半数ではなく全員の方々に素晴らしい結婚式文化を認知していただき、このようなたくさんの笑顔あふれる結婚式を挙げていただく。これは、私たち結婚式文化に携わる者たちにしかできないことなのです。私はこのような素晴らし結婚式文化をいつまでも伝え続けていきます。

☆感動賞　名古屋ＢＭＣ　代表　河本　裕香さん
（ウエスティンナゴヤキャッスル　料飲課クラウンググループ）

『将来へ素晴らしい結婚文化を伝えるために』

「将来の素晴らしい結婚式文化を伝えるために」私たちは何ができるでしょうか。まず現状を知るために、何が流行し、何が問題となっているのかを考えていこうと思います。「なし婚」というのを聞いたことはありますでしょうか。なし婚とは、結婚式や結婚披露宴を挙げず、籍だけを入れる夫婦の形態をいいます。現代、このなし婚が流行しているというのです。ではなぜ、結婚式を挙げる人が減ってしまったのでしょうか。その理由として、「経済的事情」「授かり婚」また、「セレモニー的行為を好まない」などが挙げられます。このような問題は現代において多くの人が抱える現実的かつ深刻な問題であるでしょう。そこでこれらの問題に業界全体でさまざまな対策が取られています。例えば、「経済的事情」には楽婚やスマ婚などといった高いクオリティーのものを低い価格にて提供するというサービスが行なわれており、結婚式は一概に価格が高いものではなくなってきました。また、「授かり婚」でもマタニティー向けのドレスの開発や、通常半年以上かかると言われている準備期間を半分以下に抑えた結婚式プランもぞくぞく企画されています。では「セレモニー的行為を好まない」という問題はどうでしょうか。今回はここに注目をし、考えていきます。そこで結婚式をして良かったという声を聞いてみましょう。「形にしにくかった感謝の気持ちを伝えることができた」「自分のことを祝福してくれる人がこんなにもいるなんて知らなかった」そして、「相手のことを改めて好きになった」と言うのです。

また、結婚式について、人気お笑い芸人のFUJIWARA藤本敏史さんはある雑誌のインタビューでこう答えました。「普段言えない胸の内を言えたり、逆に聞かせてもらったり。結婚式ってそういうのを照れずに言える場所。そこに一番価値があるんだと思います」このような声を聞いていますと、ただ型にはまったセレモニーを好まないという理由で、結婚式という場を減らしてはいけないと改めて思えてきました。ではどのようにしたら皆が結婚式を挙げたいという気持ちになるのでしょうか。

そこで私は、ある会社の試みを紹介したいと思います。ブライダルに関するT社では結婚式のブランド化を推進しています。それは日本人のミーハー心をくすぐるものでした。例えば、ブライダルに関するドラマの監修、テレビ局やタレントとのコラボレーション企画など、マスメディアを有効活用するのです。T社は結婚式にエンターテインメント性を足すことにより、消費者に結婚式は魅力的なものだとアピールをしています。私がこの試みを強く推す理由として、まずミーハー心を煽ることにより、最初の一歩を踏み出しやすくするからです。ときにネガティブなイメージも出てしまう現代の結婚式文化ですが、興味を持ってもらう「まずは」の一歩をいかに踏み出させるかが、今後の結婚式において重要なキーポイントになっていくと考えます。

まとめといたしまして、将来へ素晴らしい結婚式文化を伝えるために私たちにできること、それはまず「結婚式に興味を持っていただく」その方法として、マスメディアを用いたエンターテインメント性の付属により結婚式への興味を高めてもらうことや、バレンタインやホワイトデーといったカップル向けイベントの商品には結婚式をにおわせるメッセージタグをつけ、消費者の潜在意識に働きかけます。

さらにそのタグをスタイリッシュなものにすることでＳＮＳでの拡散も狙っていきます。そして次の段階として「結婚式の本来の意味」を伝えます。それは自由化していく結婚式の中で、ただ人が集まるパーティーではなく、そこに人が人に想いを伝える場所だということを伝えることです。そしてその感動をいつまでも積み重ねていくことができるように、ホテルで結婚式を挙げた方には、そのホテルのレストランで毎年結婚記念日の食事をしていただくダイレクトメールを送り、思い出の地にて初心に戻り、感動を重ねていっていただくのはどうでしょうか。よくあることとしてそこで写真撮影などがありますが、お写真のお渡しの際には結婚記念日の回数に合わせたメッセージを添えるだけで、ぐっと月日の積み重ねを感じていただけると思います。ここで本来の意味を持った感動体験は次の世代の憧れを生み、またさらなる感動を作り出すという連鎖が確認できます。

最後となりますが、結婚式文化は時代の流れにより大きな変化をともなって、現代に伝わってきました。そしてそれはまた、未来へも時代の流れによってカタチを変え、残っていく文化だと考えられます。しかしその中で、本来そこに込められた想いを、根底を、共に伝えていくことができるならば、どの時代においても「結婚式は素晴らしいものである」という考えを継いでいくことができるのではないでしょうか。そしてその想いを伝えていく一員として、私もありたいと思います。これで「将来へ素晴らしい結婚式文化を伝えるために」という発表を終わります。ご清聴ありがとうございました。

9. 私の健康法「ウオーキングを始めて45年」

私は雨や風の強い日以外は毎朝・約40分の早歩きを日課としています。3分のスピードウオーキングと3分のスローウオーキングを交互に繰り返します。一日のノルマは平均1万歩です。その間、歩き始めに大きく深呼吸を10回と終わり近くなってから軽い深呼吸を5回します。紫外線防止のために必ず帽子をかぶりサングラスをかけます。早歩きは健康へのサプリメント（栄養補助食品）と認識し45年にわたり続けています。

私が45年間にわたり続けている日々のルーティンを披露します。

(1) ウオーキング
(2) ミネラルウオーター
(3) アホエン

ウオーキングは、平均、週5日。1日平均、約1時間です。詳しくは左記に記載の通りです。

ミネラルウオーターは、通常月は1日1・5リットル　夏季は2リットル飲んでいます。

アホエンは、スジャータのめいらくグループの栄養補助食品・「無臭・生にんにく」です。カプセル錠になっています。

この3項目は〝継続は力なり〟と言われますが、自分でも不思議なほど45年もよく続けてこられたと思います。よく考えてみれば、この間、ほぼ〝無病息災〟でした。中学までは身体が弱く扁桃腺がはれて高熱で母親に心配を掛けました。私の心に、〝強くならなければ人生は生きていけない〟という意識が芽生えていたのかもしれません。

高校に入って間もなく、ハンドボールの稲石名監督さんから「君は背が高いからゴールキーパーをやってみないか！」と誘いがかかり驚きました。ハンドボールは高校総体5連覇の強豪校でした。中学までは、体が弱く、体力、気力もなくとてもスポーツをする体質でなく丁重にお断りをしました。

「皆さんは、いつも、どこかで誰かに見られていることを意識しなさい」この言葉はＢＩＡ塩月会長の名言で先述しました。確かに、人はどこかで誰かに常に見られているんだということが本当に分かりました。

内面的に気力、体力がないと思っていたのでオファーのあったことは今でもうれしい思い出です。自分に登用のチャンスを与えてくださった故稲石監督さんにとても感謝しています。監督さんから、〝勇気と決断〟というか〝チャンス〟は、いつ自分自身にやってくるか分からない〟ことを学びました。

健康な身体になることが、人生で欠くべからざることを強く感じ、勇気ある決断のチャンスは、またいつかやってくると思いました。次第に、健康に留意するようになりました。朝食はしっかり摂ります。昼食は軽くして、夕食にウエイトをおきます。和食が中心ですが、最近は、高齢者も肉を少しは摂る方が良いと聞き、すき焼きやステーキも摂るようにしています。それと、毎日３食を必ず摂るようにしています。

私事で恐縮ですが、今もって健康を保持できているのは、家内の健康管理に留意した手作り料理によるものです。日々の労苦に感謝です。一年前の『第四回目成人式』のお祝辞で甲斐一政元愛知県副知事（大学の先輩）が「80歳になるといつ体調の変化が起こるか分からないので自重するように」と温かいお言葉をいただきました。ありがとうございました。胸に刻んでおきます。感謝！

◇現役時代の館内ウオーキング

婚礼の多い土日祝は、ホテル館内をウオーキングに換算すると約2万歩以上、ウイークデーは約1万歩です。会議や出張以外は、デスクワークより常にホテル館内を巡回に充てます。私はお客さま第一主義です。

特に、宴会をご利用のお客さまへのグリーティングを重視しました。お客さまへのごあいさつを通して思いがけないビジネスチャンスをお客さまからよく与えていただきました。

私が館内巡視で各宴会場のスタッフに「今日のロータリークラブのメニューの内容は？」と尋ねることが常でした。このことが契機にサービススタッフがおの料理場に行ってメニューの勉強が始まりました。サービスと料理の皆さんとのコミュニケーションが深まったことはうれしい出来事です。

ドンデンのヘルプにも加勢しました。私は、このように、日々明るく、楽しく、元気よく現場至上主義を貫きました。〝ミスタードンデン〟といううれしい称号を授かりました（笑）。身体を動かすことは健康にこの上なく良い結果をもたらしてくれます。

業務用の資料作成はパソコンを使います。時間がかかったときは、思い切って館内巡視をします。足腰の疲れ、肩のこりがほぐれて楽になります。

◇インターネット時代の忍び寄る健康リスク

インターネットで「〝座りすぎる大国〟日本」「忍び寄る健康リスク」というタイトルが目に留まりました。健康管理の上で一考に値しますので紹介します。

世界で最も座る時間が長い国、日本！　座りすぎによる健康への弊害です。「仕事はパソコン、移動は車、家に帰るとずっと座ってテレビを見たりする」…「座りすぎ」です。

「立ったり歩いたりしているときは足の筋肉がよく働きます。このとき筋肉の細胞内では血液中の糖や中性脂肪が取り込まれ、エネルギーとして消費され代謝が盛んに行なわれます。

座っていると代謝機能を支えている足の筋肉が活動せず、糖や中性脂肪が取り込まれなくなって血液中で増えてしまいます。座った状態が長く続くと全身をめぐる血液が悪化してドロドロになり、代謝が悪く…狭心症、脳梗塞、糖尿病などのリスクを高めることが分かってきました」

このように長い時間続けていることが大きな問題と早稲田大学では調査を始めています。「座りすぎ」を解消するには「1時間につき5分歩くこと」で機能低下を防げると識者はアドバイスしています。

あとがき

東京ＹＭＣＡ国際ホテル学校に入学してホテルの専門課程の基本をしっかり勉強して実質的に私のホテルマンがスタートしたと言ってもよいでしょう。顧みると、あっという間に40年間が過ぎたような気がしますが、貴重な体験であったことは紛れもない事実です。

超一流ホテルで働かせてもらい内外のお客さまのお世話をさせていただきこんな幸せなことはありません。その間、何の患いもなく、まさしく無病息災でした。ホテルマンは健康で忍耐強くなければなりません。

毎日毎日仕事が楽しく私に適した働きがいのある職業についたことは至上の喜びでした。

伊勢湾台風に遭遇し深い悲しみと失意のどん底に明け暮れた私にとって一転「ホテルオークラ」に就職が決まったことはまったく想像できないことでした。奇跡です！　私の力ではない天恵です！　あらためて神様に深く感謝の祈りを捧げずにはいられません。ホテルマンを大過なく卒業した後、接客の指導や講演などにお声をかけていただき若い世代の皆さまにお役に立つお手伝いをさせていただいています。

〝リオ五輪混乱なく閉幕〟リオ五輪の閉会式がありました。次回2020年大会は56年ぶりの東京です。式典では五輪旗が東京都の小池百合子知事に手渡されました。リオの感動が4年後の東京に引き継がれます。リオで日本選手団は過去最多の41個のメダルを手にしました。メダルラッシュに沸いたリオ五輪に感動しました。

いよいよ東京オリンピック・パラリンピックです。われわれ業界でも「おもてなし」の心で世界のお客さまに喜んでいただける接客をしなければなりません。小池百合子知事は「心をこめた最高のおもてなしをしたいと思います」と強い決意を述べられました。国をあげてその準備にはいります。

2020年東京五輪の大会ビジョンが発表されましたのでここにご紹介します。「スポーツには世界と未来を変える力がある。1964年の東京大会は日本を大きく変えました。2020年の東京大会は、『すべての人が自己ベストを目指し（全員が自己ベスト）』、『一人ひとりが互いにを認め合い（多様性と調和）』、『そして未来につなげよう（未来への継承）』を3つの基本コンセプトとし、史上最もイノベーティブで世界にポジティブな改革をもたらす大会とする」

国民が待ち望んだオリンピック・パラリンピック。1964年以来、56年ぶりにあの感動がまた日本にやってきます。

2020年東京オリンピック・パラリンピックの日程が決まりました。

オリンピックは、2020年7月24日（金）～8月9日（日）の日程で、パラリンピックは2020年8月25日（火）～9月6日（日）の日程で開催されます。

われわれ国民は、素晴らしい世界の人々に感動を与える『おもてなし』の心でお迎えしましょう！

本書は40年のホテルマン生活で体験した「おもてなし」＝「ホスピタリティー」を若い世代の人々やサービス業界のすべての人に捧げます。少しでもお役に立つ手助けになることを願っています。本書の発刊に当たり、オータパブリケーションズの執行役員・山下裕乃氏にたいへんお世話になりましたこと深く感謝申し上げます。

松田仁宏プロフィール

1935（昭和10）年11月16日　名古屋東区に生まれる。1959（昭和34）年　愛知大学法学部卒業。1961（昭和36）年　東京YMCA国際ホテル専門学校卒業後、大成観光（現ホテルオークラ）入社。1963（昭和38）年　名古屋へ帰郷　名古屋都ホテル入社。1991（平成3）年　名古屋都ホテル取締役就任。1993（平成5）年　全国B.M.C.　第6代会長就任。1995（平成7）年　名古屋都ホテル常務取締役就任。2000（平成12）年　名古屋都ホテル常務取締役退任。松田コンサルティング事務所立ち上げ代表に就任、現在に至る。

主な団体・役職歴

◇全国B.M.C.　第6代会長
◇社団法人日本ホテル・レストランサービス技能協会　理事
◇社団法人日本ブライダル事業振興協会（現在、公益社団法人日本ブライダル文化振興協会）常任理事　人材育成委員長
◇愛知大学同窓会クラブ愛知　会長

宴会《えんかい》の神様《かみさま》　橋本《はしもと》保雄《やすお》のDNAを引《ひ》き継《つ》ぐ男《おとこ》

生涯現役《しょうがいげんえき》ホテルマン　松田《まつだ》仁宏《よしひろ》のホテル道《どう》

2016年12月11日　第1刷発行

著者　松田仁宏（Matsuda Yoshihiro）
発行者　太田進
発行所　株式会社オータパブリケイションズ
〒104-0061
東京都中央区銀座4-10-16 シグマ銀座ファーストビル3F
電話　03-6226-2380
info@ohtapub.co.jp
http://www.ohtapub.co.jp　http://www.hoteresonline.com

印刷・製本　富士美術印刷株式会社
Book Design　株式会社明 - 美
表紙カバー　デザイナー　Katsumi Sugihara

ISBN978-4-903721-62-0　C3034　定価はカバーに表示してあります。